66 PERFEKTE HOTELS

Süddeutsche Zeitung Edition

Impressum

für die Süddeutsche Zeitung Edition
in Kooperation mit smart-travelling print UG, Berlin

Konzept und Redaktion: Nancy Bachmann, Nicola Bramigk
Projektleitung: Sabine Sternagel
Texte: Mansur Ajang, Ralf Amann, Nancy Bachmann, Julia Bähr,
Nicola Bramigk, Sabine Danek, Karolin Langfeldt, Carlos Kessler,
Sabine Mergener, Gesine Tosin, Andrea Zepp
Fotos: Nicola Bramigk, Katharina Gossow,
Namy Nosratifard, Pressefotos: Soho Hotel (S. 90, 92, 93),
Soho House Istanbul (S. 250, 252, 253)
Art Direktion, Gestaltung: Studio Mahr
Covergestaltung, Produktion: Daniela Mecklenburg
Herstellung: Thekla Licht, Hermann Weixler
Druck und Bindung: optimal media GmbH, Röbel/Müritz
Printed in Germany
ISBN: 978-3-86497-343-7

4. Auflage, 2019

WHAT WE LOVE
SMART TRAVELLING

66 PERFEKTE HOTELS

Süddeutsche Zeitung Edition

VORWORT

Smart Travelling begann mit ein paar Schuhkartons voller Visitenkarten unserer Lieblingsorte und der Idee, die Welt in Begleitung eines guten Freundes zu entdecken. Ein Freund, der genau weiß, was einem gefällt, der einen zu den schönsten, authentischsten Plätzen und manchmal auch an geheime Orte führt. Mehr als zehn Jahre ist das her und seitdem reisen wir auf der Suche nach unvergesslichen Hotels, Restaurants, Cafés und Erlebnissen in die aufregendsten Metropolen und die malerischsten Regionen rund um den Erdball.

Ausgestattet mit dem „Suchen-und-Finden-Gen" und erfüllt von Leidenschaft für erlesene Orte, die durch ihre besondere Seele, charmante Patina, individuelles Design, lokale Verbundenheit oder internationalen Glamour herausragen: ob das die luxuriöse kretische Oase inmitten von Granatapfelbäumen und Gemüsebeeten ist, das südfranzösische Relais, das einen wie ein Kokon aus vergangenen Zeiten umgibt, der entschleunigte Rückzugsort in der trubeligen Metropole oder die moderne Almhütte in den Schweizer Bergen.

Kein Ort, an dem wir nicht persönlich waren, kein Tipp, der nicht aus eigener Erfahrung und von Herzen kommt. Als Reiseexperten, Scouts, Autoren und Fotografen packen wir immer wieder gerne unsere Koffer, machen uns in die entlegensten Winkel auf, um die perfekten Orte für Sie zu finden.

Vor Ihnen liegt jetzt die Sammlung unserer 66 Lieblingshotels, die Essenz unserer Buchreihen. Sie führt rund um die Welt an Sehnsuchtsorte, die ihre ganz eigenen Geschichten erzählen und das einzigartige Flair einer Stadt oder Region ausstrahlen.

Viel Freude beim Lesen, Träumen und Erleben.

Ihre Nicola Bramigk & Nancy Bachmann

INHALT

← ELEVATOR C
ROOFTOP TERRACE
COCKS & COWS
TOILETS
LUGGAGE ROOM

HOTEL SP34

➳ SKANDINAVISCHES DESIGN • MID-CENTURY • ZENTRAL

Wer dem Alltag und den To-Do-Listen zu entfliehen gedenkt und dafür in minimalistisches, skandinavisches Design eintauchen möchte und besonders seinem Auge etwas Gutes tun will, der sollte hier ein Zimmer buchen. Der Name verrät schon, wohin die Reise geht. SP34 steht für die Adresse des kleinen Design-Hotels in der Sankt Peders Stræde Nummer 34. Perfekte Ausgangslage, um durch das schöne Bohème-Viertel zu schlendern, durch die Schätze der Vintage-Läden zu stöbern und den alten Stadtkern von Kopenhagen zu erkunden. Wer die Stadt lieber mit dem Fahrrad erkunden möchte, schnappt sich eins der Hotelräder. Es lohnt sich aber, zwischen 17.00 und 18.00 Uhr wieder im Hotel einzutrudeln, denn da steht die „Wine Hour" auf dem Programm, in der Sie ein Glas Wein auf Kosten des Hauses in der Lobby genießen dürfen. Danach können Sie in den gemütlichen Sesseln der Bibliothek mit Kamingeknister versinken und den Mid-Century-Charme des historischen Gebäudes auf sich wirken lassen. An den Wänden hängt zeitgenössische Kunst, im Bad finden Sie Pflegeprodukte von Ren Clean Skincare und das Interieur ist von nordischer Schlichtheit geprägt. Hier stimmt einfach alles, von der Hausfassade bis zur Badewanne. Nicht zu vergessen: Die beiden Restaurants Work in Progress und Cocks & Cows sind bei Hotelgästen wie Einheimischen gleichermaßen beliebt.

Hotel SP34 – Sankt Peders Stræde 34 – Kopenhagen-Vesterbro
T: +45 33 133 000 – www.brochner-hotels.com/hotel-sp34/

"Perfekte Ausgangslage, um durch das schöne Bohème-Viertel zu schlendern und den alten Stadtkern von Kopenhagen zu erkunden."

25HOURS BIKINI BERLIN

MODERN-URBAN · AUSSICHT · SONNENTERRASSE

Spätestens seitdem das 25hours Hotel in der City-West eröffnet hat, ist klar – es tut sich was in diesem Teil der Stadt. Lange Zeit galt die Aufmerksamkeit von Hipstern und Touristen gleichermaßen hauptsächlich dem coolen Osten – sprich Mitte und dem Prenzlauer Berg. Doch das hat sich im Laufe des Jahres 2014 geändert. Im direkten Umfeld des Hotels befindet sich die bekannte C/O Gallery, die avantgardistische Shoppingmeile Bikini sowie die berüchtigte Paris Bar. Das 25hours Hotel ist die perfekte Location, um dieses neue Terrain auszuchecken und von altbekannten Trampelpfaden abzuweichen. 149 Zimmer bietet das Hotel, alle im bekannten modern-urbanen Style der 25hours-Kette designt. Sie liegen zwischen dem vierten und neunten Stock und haben zur einen Hälfte eine großartige Aussicht auf den Berliner Zoo und zur anderen Hälfte auf die Straßenschluchten des Berliner Westens. Insbesondere wer sich in der Vergangenheit öfters im Osten Berlins aufgehalten hat, wird angenehm überrascht sein von der Urbanität und der Weitsicht, die von dem Hochhaus ausgeht. Das 25hours Hotel erfüllt nicht alle Kriterien eines Sternehotels, wie z.B. Zimmerservice, dafür punktet es aber mit anderen Annehmlichkeiten, die für den urbanen Reisenden fast wichtiger sind, wie kostenloses WiFi, MINIs und Leihfahrräder, mit denen man zum Beispiel durch den angrenzenden Tierpark radeln kann.

25hours Bikini Berlin – Budapester Straße 40 – Berlin-Charlottenburg
T: +49 (0)30 1202 210 – www.25hours-hotels.com/hotels/berlin/bikini-berlin

> Von der Monkey-Bar
> im zehnten Stock lassen sich
> wunderbar die Affen
> im Zoo beobachten, während
> man an seinem
> Moscow Mule schlürft.

lounge

GUT RENSOW

LÄNDLICH · VERWUNSCHEN · HERRSCHAFTLICH

Keine Schnörkel, kein Türmchen – schlicht und elegant steht der große weiße Barockbau in der mecklenburgerischen Landschaft, umgeben von grünen Wiesen, erdig braunen Äckern und uralten Eichen. Hier scheint die Zeit stillgestanden zu sein, seitdem das Gutshaus im Jahre 1690 erbaut wurde. Dennoch ist besonders in den letzten zwölf Jahren auf Gut Rensow viel passiert. Als Knut Splett-Henning und Christina Ahlefeld-Laurvig das Haus 2002 kauften, stand es kurz vor dem Zusammenbruch. Mit alten Ziegeln aus Lehm, Dielen vom Dachboden, weiteren originalgetreuen Materialien und viel Liebe zum Detail setzten sie das Gut wieder instand. Heute dient es sowohl als Wohnhaus der Familie als auch als Unterkunft für Gäste. Vier Gästeapartments für zwei bis vier Personen gibt es in dem barocken Bau. Wer hier nächtigt, fühlt sich tatsächlich wie Adel aus vergangenen Jahrhunderten, was unter anderem an der von Christina Ahlefeld-Laurvig perfekt zusammengestellten Einrichtung liegt. Der Stil ist ländlich antik mit breiten Holzdielen, fein gearbeiteten Flügeltüren, schweren Ledersofas, verspielten goldenen Spiegeln und filigranen Kommoden. Das Haus ist umgeben von einem verwunschenen großen Garten mit jahrhundertealten Bäumen, scheuen Rehen, bunten Pfauen, musizierenden Fröschen, einer singenden Nachtigall. Außerdem gehört noch ein Gemüsegarten zum Gut, in dem die Gutsherren alte Gemüsesorten wie rote und violette Kartoffeln, runde Karotten und verschiedene Kräuter anbauen.

Gut Rensow – 17168 Rensow – Lage: in Mecklenburg-Vorpommern
zu Brandenburg, 2 Stunden von Berlin und 1,5 Stunden von Hamburg entfernt
T: +49 (0)39972 562 88 – www.gutshaus-rensow.de

» Wer hier nächtigt, fühlt sich tatsächlich wie Adel aus vergangenen Jahrhunderten. «

BERGE

➤ AUGENZWINKERND • ORIGINELL • UMSORGT

Dieses Hotel ist ein Ort, wie es ihn im Chiemgau sonst nicht gibt – und auch nicht anderswo. Nils Holger Moormann, bekannt für sein ausgelassenes Design, hat es in einem einstigen Landschulheim in Aschau eröffnet. Und schon die Baustellenhelme, die am Eingang auf Eisenstangen aufgereiht sind, stimmen einen auf die besondere und augenzwinkernde Atmosphäre des Hauses ein. Jedes Zimmer ist ein Unikat – vom weißen „Sommerloch" mit Terrasse und einem Raumteiler, der wie eine Skulptur wirkt, dem „K3" mit Küche und Kampenwandblick bis zur „Bergebude" mit ihren pfiffig eingelassenen Betten. Das Frühstück kann man sich vors Zimmer stellen lassen und es da zu sich nehmen, wo es am schönsten ist. Und das ist schwer. Im Bett? Im großen Essraum mit Kochinsel und Kamin? Oder vielleicht doch im Garten, wo im Hintergrund rote Gondeln Wanderlustige die Kampenwand hochfahren. Will man nicht selbst „aufi", kann man im Literatenstüberl schmökern oder einfach durch die Gänge streifen und sich mit den launigen Details unterhalten, die einem dort auf Schritt und Tritt begegnen. Ob das die Bitte ist, die Nachtruhe zwischen drei und fünf Uhr nachts einzuhalten, oder der Feuerlöscher, der auf zwei Feuerwehrhandschuhen ruht. Besonders ist auch, wie besonnen man umsorgt wird. Auf dem Zimmer steht Rotwein, ein Weinkeller steht jedem, der noch ein Schlückchen mehr braucht, offen, und das „berge"-Magazin bietet ein Best-of an Tipps für die Umgebung.

Berge – Kampenwandstraße 85 – Aschau im Chiemgau
T: +49 (0)8052 904 517 – www.moormann-berge.de

„Ein Ort, wie es ihn im Chiemgau sonst nicht gibt – und auch nicht anderswo."

Sauna

CHIEMGAUHOF

KLASSISCH-MODERN • IDYLLISCH • DETAILVERLIEBT

„Sonnenuntergang um 18.48 Uhr“ steht auf einem charmant verwitterten Holztäfelchen im Garten geschrieben. Denn nirgendwo am Chiemsee ist es schöner, der Sonne dabei zuzuschauen, wie sie im „Bayerischen Meer“ versinkt, als im Chiemgauhof, der direkt am Südufer des Sees liegt. Das hatte im 19. Jahrhundert bereits der Maler Julius Exter erkannt, der an dem idyllischen Plätzchen eine Sommerakademie gründete. Seit 1952 ist der Chiemgauhof Besitz der Familie Imdahl, seit zehn Jahren führen Sabine und Christof Imdahl das Haus und haben es in einen lauschigen Ort verwandelt, der die Geschichte mit moderner Leichtigkeit verbindet. Auf dem Weg zum Zimmer begegnen einem Plakate und Fotografien der Opernhäuser, in denen der Schwiegervater Heinz gastierte, der ein bekannter Bariton war, und im Restaurant sind Bilder der Chiemseemaler zu sehen. Die Zimmer heißen Bojen-, Jagd- oder Schwemmholzzimmer, sind in warme Farben getaucht und mit Antiquitäten und Fundstücken eingerichtet. Manches Bett ist aus dem Holz des alten Stegs gezimmert, und viele der Zimmer haben fantastische Ausblicke auf den See, mit Balkonen oder kleinen Sitzecken am Fenster. Überall stehen frische Blumen, unter den Bäumen am Seeufer sind Gartentische aufgestellt – dort ist mit Sicherheit der schönste Platz am Chiemsee für ein Frühstück. Und auch das verbindet Klassisches mit dem Zeitgemäßen, und neben Eiern, Käse und Wurst gibt es ein großartiges Früchtebuffet.

Chiemgauhof – Julius-Exter-Promenade 21 – Übersee
T: +49 (0)8642 89870 – www.chiemgauhof.com

CHIEMGAUHOF
Badestrand
nur für
Hausgäste

>"Nirgendwo am Chiemsee
>ist es schöner, der Sonne dabei
>zuzuschauen, wie sie im
>„Bayerischen Meer“ versinkt."

25HOURS HOTEL

➼ STILSICHER • MODERN • HAFENFLAIR

Es ist einfach verdammt gut gelungen, ein Wohlfühlhotel, und doch hat es nichts Luxuriöses, auch nichts Gemütliches, aber alles, was man als moderner Nomade liebt und braucht, um sich wohlzufühlen, und das stilsicher umgesetzt. Heißt: Container hängen an der Decke in der Lobby, Sie sitzen auf angesagten Vintagesesseln oder Sitzboxen in den Fenstern oder auf Teppichstapeln und löffeln Ihr Rührei mit Speck, das Sie aus dem umfangreichen Frühstücksbuffet ausgewählt haben. Neben der Rezeption gibt es einen Kiosk, in dem Sie sich von der Zeitung bis zum ultimativen Mitbringsel alles besorgen können, und im ersten Stock können Sie in der Musiklounge alte Vinylplatten hören oder im „Wohnzimmer" chillen. Die Zimmer spiegeln das Thema Hafen mit Seemannsgarn wider: Es gibt Strickleitern, Seemannskoffer, Kajüten, Logbücher und Teddybären, die über Fernweh hinwegtrösten. Obwohl das Gebäude brandneu ist, spürt man, dass die Gegenstände Geschichten erzählen, und wenn Sie hier morgens wach werden, wissen Sie sicher, dass Sie im Hafen schlafen und ein Stück Hamburg erleben. Abends können Sie auch gleich hier zum Dinner bleiben, Hamburgs Szene kommt zu Ihnen und Sie können nach einem anstrengenden Tag zu Hause bleiben.

25hours Hotel – Überseeallee 5 – Hamburg-HafenCity
T: +49 (0)40 2577 770 – www.25hours-hotels.com/hotels/hamburg/hafencity

> „Ein Wohlfühlhotel – es hat alles, was man als moderner Nomade liebt und braucht."

Geräucherter
Nordseelachs
smoked salmon
Frischkäse
fresh cheese
Kräuterkäse
herbal cheese
Hüttenkäse
cottage cheese
Gurke
cucumber
Tomaten
tomatoes
Paprika
red pepper
25hours

A74

HENRI

➛ NORDISCH ANGEHAUCHT · GEMÜTLICH · MODERN

Nachdem die Rezeption erst einmal gefunden ist, ist die Überraschung groß, denn die Anmutung der Fassade lässt nicht einen so gemütlichen modernen Empfang vermuten. Der liebevoll gestaltete Essraum, mit offener Küche hinter der Rezeption, erinnert uns an die Wohnküche einer Medien-Familie aus Hamburg. Das Frühstück ist erfrischend anders präsentiert, den Joghurt holt sich der Gast aus dem Kühlschrank und das Buffet ist auf dem Küchenblock angerichtet, alles wirkt herrlich selbstverständlich und richtig gemütlich. Am Ende des Tages wird noch ein Abendbrot angeboten, das besonders geliebt wird von Business-Nomaden, die sich unter der Woche im Hotel Henri an dem großen Stammtisch treffen. Die Zimmer sind nordisch zurückhaltend mit Vintage-Möbeln bestückt und verfügen alle über großzügige Badezimmer, die mit allem ausgestattet sind, was uns Gäste glücklich macht. Wer jetzt noch ein nettes Souvenir, mit Augenzwinkern, aus Hamburg oder nach dem Essen auswärts noch einen Absacker braucht, findet an der Rezeption alles, was man sich wünschen kann, vom Seesack über Labskaus bis zum perfekten Drink.

Henri – Bugenhagenstraße 21 – Hamburg-City
T: +49 (0)40 5543 570 – www.henri-hotels.com/de/hamburg/

„Der liebevoll gestaltete Essraum mit offener Küche erinnert uns an die Wohnküche einer Medien-Familie aus Hamburg.“

CORTIINA

➸ ERFRISCHEND · NATURBELASSEN · SOPHISTICATED

Das Cortiina landete 2001 wie ein Ufo aus dem All. Mehr Boutique-Hotel als Design-Hotel setzte es einen erfrischenden Meilenstein in der Münchner Hotelszene. Gäste wie auch Münchner, die ihre Cortiina-Bar vom ersten Tag an liebten, waren sich einig: Das Duo Rudi Kull, Gastronom, und Albert Weinzierl, Designer, haben hier einfach alles richtig gemacht. Gemäkel über das Cortiina haben wir jedenfalls noch nie gehört. Mit dem Einsetzen hochwertiger naturbelassener Materialien wie der hundertjährigen Mooreiche und dem Jura-Naturstein hat Albert Weinzierl ein klares Bild verfolgt, das sich bis in die ungebleichte Bettwäsche durchzieht: allesamt Materialien, die mit Würde altern, ja sogar nach Jahren oft noch schöner werden. Das Frühstück mit Tee von Mariage Frères trifft genau die heutigen Bedürfnisse nach den Lieblingsprodukten weit gereister Stadtnomaden. Ergänzt wird es mit dem Besten, was München kulinarisch zu bieten hat: Rohmilchkäse vom Tölzer Kasladen sowie erstklassiges Brot von der Hofpfisterbäckerei. Nachmittags wartet schon der flackernde Kamin beim Afternoon Tea mit Scones und Gurkensandwiches, der auf wunderschönem gesampeltem Vintage-Porzellan von Nymphenburg serviert wird. Im wechselhaften Münchner Wetter klebt dieses Trostpflaster genau an der richtigen Stelle.

Cortiina – Ledererstraße 8 – München-Zentrum
T: +49 (0)89 2422 490 – www.cortiina.com

”

Allesamt Materialien,
die mit Würde altern, ja
sogar nach Jahren oft noch
schöner werden.

“

LA COLOMBE D'OR

LEGENDÄR • KÜNSTLERISCH • CHARMANT

Die Straße im hügeligen Hinterland der Côte d'Azur schlängelt sich direkt ins Mittelalter und endet an der Stadtmauer, die sich schützend um das Dorf Saint-Paul de Vence legt, als müsse der Ort vor der Moderne bewahrt werden. Hier liegt das legendäre Hotel La Colombe d'Or. Tritt man durch die Pforte, wird man sogleich von dem einzigartigen Charme verzaubert und beginnt, in der Vergangenheit des Ortes zu schwelgen. Die Hotelbesitzerin Madame Roux empfing uns mit den Worten: „This place has a very simple and beautiful story" und führte mit selbstsicherem Charme durch ihr hauseigenes Museum, vorbei an den Werken von Bonnard, Braque, Matisse und Picasso. Nach dem Krieg trafen sich hier alle Meister der modernen Kunst, die manchmal ihren Aufenthalt mit ihren eigenen Werken beglichen. Die so entstandene unschätzbare Sammlung des Hotels Colombe d'Or ist heute ein beliebtes Pilgerziel für Kunstfans. Die stilvoll eingerichteten Zimmer und Suiten versprühen einen rustikalen Charme, der sich mit der künstlerischen Atmosphäre perfekt vereint. Besonders stolz ist Madame Roux auf den smaragdgrün gefliesten Swimmingpool im Garten, der erste seiner Zeit und seither oft kopiert. Doch das eigentliche Herz des Colombe d'Or ist die von Feigenbäumen umsäumte große Terrasse, auf der man schon am Morgen mit einem ausgezeichneten Frühstück verwöhnt wird. Und bei ihren Anhängern ist die Terrasse so beliebt, dass sie in der Hauptsaison für mehrere Tage im Voraus ausgebucht ist.

La Colombe d'Or – Place du Général de Gaulle – Saint-Paul de Vence – Lage: 20 km von Nizza, ca. 45 min. – T: +33 (0)4 93 328 002 – www.la-colombe-dor.com

"Doch das eigentliche Herz des Colombe d'Or ist die von Feigenbäumen umsäumte große Terrasse."

PASTIS HOTEL

➵ ZEITGENÖSSISCH · KOMFORTABEL · ENTSPANNEND

Der Roman „Hotel Pastis" von Peter Mayle erzählt die Geschichte eines Managers in London, der seinen stressigen Job an den Nagel hängt und nach Südfrankreich verreist, um dort ein kleines luxuriöses Hotel zu eröffnen. Das Ehepaar John and Pauline Larkin hat es dem Protagonisten gleichgetan, sie flohen aus dem nebligen London ins sonnige Saint-Tropez und erfüllten sich ihren Traum vom eigenen Hotel. Dass sie die richtige Entscheidung getroffen haben, merkt man ihnen an, wenn sie in ihrem Boutique Hotel mit aufmerksamer Freundlichkeit ihre Gäste empfangen. Ihr Faible für zeitgenössische Kunst findet sich im ganzen Haus wieder, darunter auch Originalfotografien vom Künstler Thierry Oneil, einem ehemaligen Nachbarn aus Londoner Zeiten. Die neun komfortablen Zimmer sind leicht und luftig eingerichtet. Der Garten im Innenhof mit seinen jahrhundertealten Palmen und einem Swimmingpool lädt zum Entspannen ein, am besten bei einem Pastis.

Pastis Hotel Saint-Tropez – 75, Avenue du Général Leclerc – Saint-Tropez
T: +33 (0)4 98 125 650 – www.pastis-st-tropez.com

„Der Garten mit jahrhundertealten Palmen und Swimmingpool lädt zum Entspannen ein."

HÔTEL BOURG TIBOURG

LUXURIÖS • ORIENTALISCH • BEHAGLICH

Betritt man das Hotel, ist man augenblicklich von seiner dichten Atmosphäre eingenommen. Neugotisch hat Jacques Garcia, einer der angesagtesten Pariser Inneneinrichter unter anderem auch der Geschäfte von Ladurée, den Stil genannt, mit dem er dieses Hotel im Herzen des Marais zu einem feinen Refugium machte. Zusammen mit seinen orientalischen Farben, schweren Vorhängen und voluminösen Bettüberwürfen ist dieses Hotel der Inbegriff des Hôtel Boutique. Wie an einen geheimen und luxuriösen Ort zieht man sich hier zurück, wird umfangen von raffinierter Sinnlichkeit und entspannter Behaglichkeit. Kaum ein Hinweis auf der Straße gibt Auskunft darüber, dass sich hinter der schönen Fassade ein Hotel verbirgt, dessen aparte Mischung aus Orientalismus und Neogotik wohltuend überrascht. Geführt von Karen Costes, ist das Hotel im Besitz der Familie Costes, die in Paris weitere legendäre Orte wie das Hôtel Costes geprägt hat.

Hôtel Bourg Tibourg – 19, rue du Bourg-Tibourg – Paris – 4. Arrondissement
T: +33 (0)1 427 847 39 – bourgtibourg.com

"

Das Hôtel Bourg
Tibourg ist der Inbegriff
des Hôtel Boutique.

"

29
BENOIST & FILS, P. des THERMOPYLES, 44
BOULANGER
PAINS
FRANCAIS
VIENNOIS
SEIGLE
ET
GRUAU

HÔTEL DU PETIT MOULIN

EXTRAVAGANT · DETAILVERZÜCKT · BAROCK

Die Straßenecke im Marais, an der dieses Hotel liegt, ist so unaufgeregt, wie das Konzept des Hôtel du Petit Moulin extravagant ist. Hinter der Fassade zweier benachbarter historischer Gebäude aus dem 17. Jahrhundert verbirgt sich ein wahres Kleinod, versprüht ein atemberaubendes Feuerwerk verschiedenster Materialien und Stilelemente, barocke Eleganz und aufregende Intimität gleichermaßen. Es ist der Modedesigner Christian Lacroix, der die Seele dieses Hotels samt seiner 17 Zimmer geprägt und gestaltet hat. Der goldfarben hinterlegte Schriftzug auf der denkmalgeschützten Fassade verweist auf die vormalige Nutzung des Eckgebäudes als Boulangerie, in der immerhin schon Monsieur Victor Hugo sein Baguette gekauft haben soll – glaubt man den Geschichten, die im Quartier erzählt werden. Neben dem Treppenhaus aus dem 17. Jahrhundert wurden auch die wunderschönen Wandmalereien im Eingangsbereich der ehemaligen Boulangerie erhalten und nun wird anstatt knuspriger Croissants der Zimmerschlüssel über den Ladentisch gereicht. Atemberaubende, detailverzückte Welten öffnen sich, wie sie unterschiedlicher nicht sein könnten: ein ganz im Esprit der 60er-Jahre gehaltenes Ensemble inklusive verspiegelter Zimmerdecke, ein in Rot schwelgendes barockes Interieur samt passendem Bildprogramm oder ein von Schwarz-Weiß-Tönen dominiertes Refugium. Nichts für Minimalisten! Allen Zimmern gemeinsam sind luxuriöse Bäder und modernste technische Ausstattung.

Hôtel du Petit Moulin – 29/31, rue de Poitou – Paris – 3. Arrondissement
T: +33 (0)1 4274 1010 – www.hoteldupetitmoulin.com

”

Ein wahres Kleinod,
das sich hinter der Fassade
zweier benachbarter
historischer Gebäude aus dem
17. Jahrhundert verbirgt.

“

BASTIDE LE RELAIS DE LA MAGDELEINE

ROMANTISCH · HERRSCHAFTLICH · VERWUNSCHEN

Erst fährt man durch ein Industriegebiet und dann traut man seinen Augen kaum. Denn auf der Suche nach verblichenem, hochherrschaftlichem Charme ist man auf diesem Anwesen wirklich am Ziel. Abseits der A 52 gelegen, wirkt das Relais wie ein Kokon aus einer anderen Zeit. Im 18. Jahrhundert hat der Marquis d'Albertas hier gelebt, dann diente es als Kriegshospital, bevor es die Familie Marignane 1932 in ein Hotel verwandelte. In Zimmerfluchten reihen sich eine Bibliothek mit schönsten Lederbänden, Esszimmer mit Gobelins und ein Wohnzimmer mit prasselndem Kamin aneinander, an dem der Hausherr spätabends gerne noch mal das Feuer schürt und einen Verbenentee serviert. An den Wänden hängen Gemälde aus dem Familienbesitz und geht man die ausgetretenen windschiefen Treppen hinauf, finden sich auf den verwinkelten vier Etagen ebensolche Zimmer. Hat man am Abend noch bei Kerzenschein auf antiken Eisenmöbeln auf der Terrasse gegessen, huscht am Morgen ein Heer weißbeschürzter Kellnerinnen umher, um die Tische mit frischen Croissants zu decken und Kaffee im Silberkännchen zu servieren. Frische Früchte und andere Köstlichkeiten werden an einem Buffet angeboten und damit man diese verwunschene Welt auch am Abend nicht verlassen muss, kann man im Restaurant vorzüglich essen.

Bastide le Relais de la Magdeleine – 40 Avenue du 2ème Cuirassier – Gémenos
Bouches-du-Rhône – Lage: 1 Stunde und 45 min. vom Flughafen Nizza entfernt
T: +33 (0)4 423 220 16 – www.relais-magdeleine.com

„Abseits der A52 gelegen, wirkt das Relais wie ein Kokon aus einer anderen Zeit."

GRAND HÔTEL NORD-PINUS

EHRWÜRDIG • LEGENDÄR • ATMOSPHÄRISCH

Dieses Hotel ist eine Legende. Picasso hat hier gewohnt, Yves Montand und Hemingway. Helmut Newton hat Charlotte Rampling nackt auf einem Tisch fotografiert und Jean Cocteau sich in den Stierkämpfer Domiguin verliebt. Zur Corrida in Arles sind die Stierkämpfer immer dort abgestiegen und haben von den Balkonen die jubelnde Menge auf dem Place du Forum gegrüßt. Mit Grandezza und Fingerspitzengefühl hat Anne Igou den ehrwürdigen Ort in einen Bohemian-Palais verwandelt, der alte glamouröse Zeiten beschwört. Seinen besonderen Charakter zeigt er schon von außen mit einer Fassade, die von einer Säule eines römischen Tempels, der hier einst stand, durchbrochen wird. Innen wechseln sich türkische Laternen im Sixties-Chic mit verblichenen Kelims und Fotografien ab. Im Foyer hängt eine Afrika-Serie des legendären Peter Beard, im Restaurant finden unterschiedlichste Ausstellungen statt und in den Fluren kann man sich gar nicht sattsehen an den Fotografien Peter Lindberghs, mit dem Anne Igou zehn Jahre lang liiert war, kombiniert mit Torrero-Plakaten und mexikanischer Folklore. Igou hat ein unfassbares Talent für Farben, kombiniert graue Wände mit petrolfarbenen Sixties-Sesseln und selbst die Aussicht auf das ockerfarbene Arles ist den Tönen in den lichten Zimmern angepasst. Ein perfekter Ort mit kleinen Tischen auf dem Platz, an denen Igou am Abend selbst sitzt.

Grand Hôtel Nord-Pinus – Place du Forum – Arles
T: +33 (0)4 909 344 44 – nord-pinus.com

» Ein Bohemian-Palais, das alte glamouröse Zeiten beschwört. «

NORD
Nord Pinus

HÔTEL DES DEUX ROCS

BEZAUBERND · INTIM · WOHLIG

Ganz oben auf einem Hügel liegt das Hôtel des 2 Rocs gegenüber von einem riesigen gespaltenen Felsen, der dem Bed & Breakfast seinen Namen gab. Ein erstaunlicher Ort und es wundert nicht, dass der Surrealist Max Ernst 20 Jahre lang ein paar Häuser weiter wohnte. Auch Julie und Nicolas waren vom Place Font d'Amont sofort bezaubert und von dem Haus, das sie seit 2005 hegen und pflegen. Dort wohnen sie mit ihren Kindern und dort heißen sie die Gäste sehr persönlich willkommen. Im Treppenhaus hängt das Hochzeitsbild von Nicolas' Großmutter und die 13 Zimmer sind allesamt mit Erbstücken eingerichtet. Lauschig geht es auch auf der großen Terrasse zu, in deren Mitte ein alter Brunnen plätschernd den Roséwein kühlt. Hier wird Frühstück und Abendessen serviert. Ist es zu kalt, nimmt man drinnen unter den barocken Food-Fotografien von Julies Vater Platz. Die Atmosphäre ist intim, wird einzig von wohligem Klappern aus der offenen Küche untermalt und ein Handyklingeln wirkt hier wie ein Signal aus einer anderen Welt. Viel schöner ist, sich mit den anderen Gästen zu unterhalten und sich dabei von Chefkoch David Carré umsorgen zu lassen – mit Variationen von Tomate, darunter köstlich grüne mit geräuchertem Fisch, Foie Gras mit Feigen, Lammcarreé mit Getreide und zum Nachtisch warmem Schokoladenkuchen, der cremig zerfließt. Rundum glücklich steigt man anschließend die windschiefen Treppen hinauf und schläft unter einem Baldachin selig ein.

Hôtel des deux Rocs – 1, place Font d'Amont – Seillans – Lage: 70 km vom Flughafen-Nizza entfernt – T: +33 (0)4 947 687 32 – www.hoteldeuxrocs.com

HOTEL
des
DEUX ROCS

»

Lauschig geht es auch auf der Terrasse zu, wo ein alter Brunnen plätschernd den Roséwein kühlt.

«

LA MIRANDE

➳ WOHLIG · STILVOLL · ÜPPIG

Im Schatten des Papstpalastes geht man auf eine Zeitreise. Zurück in die Provence des 19. Jahrhunderts, ausgestattet mit schönstem Luxus. Das 4-Sterne-Hotel ist ein stilvolles und wohliges Hide-away, ein Paradies aus bunten Stoffen und gemusterten Tapeten, kleinen goldenen Lichtschaltern und Gemälden, die im perfekten Stilmix aufeinandertreffen. Die Steins, ein norddeutsches Ehepaar, das lange in den Arabischen Emiraten lebte, haben das 700 Jahre alte Palais gekauft, als sie in Rente gingen, und mit Antiquitäten und Wohnlichkeit bestückt. Wo einst ein Kardinal lebte, warten heute perfekt gereifte Feigen mit Silbermesserchen auf dem Zimmer. Man schwelgt in Toilettenprodukten von Dr. Hauschka, schlüpft abends in wunderbare Leinenlaken und kann dabei den Blick über den Papstpalast schweifen lassen, der in leuchtend orangefarbenes Licht getaucht ist. Heute führen die Kinder das Hotel, in dem jedes Zimmer unterschiedlich eingerichtet ist: von den Tapeten und Möbeln zu den Böden, die aus Holz, Stein, Teppich oder gekachelt sind, manche in surreal dreidimensionalem Muster. Die Perfektion verschlägt einem jedes Mal den Atem, wenn man um eine der zahlreichen Ecken biegt und wieder etwas Neues entdeckt. Zum Frühstück, das wahlweise im Garten oder im sonnigen Frühstücksraum serviert wird, gibt es Joghurt und Trockenobst, Baguette und verschiedenste Marmeladen, frische Früchte und Cerealien, so üppig und geschmackvoll wie das Haus selbst.

La Mirande – 4, place de l'Amirande – Avignon
T: +33 (0)4 901 420 20 – www.la-mirande.fr

» Ein Paradies aus bunten Stoffen und gemusterten Tapeten, kleinen goldenen Lichtschaltern und Gemälden. «

V
Bonjour!

MAISON VALVERT

➺ WARM · SCHNÖRKELLOS · PRIVAT

Wollen Sie einmal in einem Baumhaus übernachten? Hoch oben im Grünen, umhüllt von Vogelgezwitscher und dem Duft von Pinien? Im Maison Valvert ist das auf schönste Weise möglich. Vor den Toren von Bonnieux, inmitten einer sanften Berglandschaft, liegt das Bed & Breakfast und ist gar nicht so leicht zu finden. Achten Sie auf das lindgrüne Tor, das die Belgierin Cathy Herssens öffnet, um die Gäste in ihre private Welt zu lassen. In ihr kleines Anwesen im schönsten provenzalischen Landhausstil und in ebenjenes Baumhaus, in dem man mitten in der Natur, aber ausgestattet mit jedem Komfort und mit einem Höchstmaß an Privatheit ist. Auf der kleinen Terrasse des Baumhauses ist ein Körbchen angebracht, in dem Kaffee und alles andere, was Sie wünschen, hochgezogen werden kann. Verlässt man sein Refugium doch einmal, kann man mittags mit Cathy und ihrem Mann, einem französischen Journalisten, etwas von dem Salat essen, den sie jeden Tag für die Gäste macht. Oder man kann durch die große Anlage mit ihren Olivenbäumen, Trüffeleichen und Lavendelbüschen den Hang hinunterflanieren oder sich unter ein Sonnensegel an den Pool legen. Alles ist sehr warm und herrlich schnörkellos gestylt und jedes Detail, von den Pastelltönen und den bestickten Leinenservietten bis zum bunten Teppich vor dem Kamin, geschmackvoll arrangiert. Morgens sitzt man gemeinsam unter dem Kronleuchter auf der Terrasse, bedient sich an einem Buffet und lässt die Seele baumeln.

Maison Valvert – Route de Marseille – Bonnieux – Lage: 80 km bis Marseille
T: +33 (0)6 72 22 37 89 – www.maisonvalvert.com

Bonjour
surprise du matin
yaourt stracciatella
Quoi faire !
Marché à Cavaillon
Dîner : L'Arôme à Bonnieux

„Ein kleines Anwesen im schönsten provenzalischen Landhausstil.“

METOHI KINDELIS

VERWUNSCHEN · HOCHWERTIG · HERRSCHAFTLICH

Danai und ihr Onkel Manolis sind der Beweis dafür, dass der organische Ernährungsstil schon längst im Alltag der Griechen angekommen ist. Durch das blumenbewachsene Tor betritt man den Innenhof der verwunschenen Märchenfarm und blickt direkt auf das Farmerhaus aus venezianischen Zeiten. Mit den hochwertigsten Materialien aus Holz und Naturstein wurde hier eine luxuriöse Oase inmitten von Granatapfelbäumen, Gemüsebeeten und eines Botanischen Gartens geschaffen. Alle drei Apartments präsentieren herrschaftlichen Landhaus-Charme und sind mit geschmackvollen Details wie hochwertiger Leinen-Bettwäsche, kunstvollem Porzellan und Bildbänden zum Stöbern ausgestattet worden. Jedes Apartment verfügt natürlich auch über seine kleine, eigene Farm, denn im zugehörigen Garten mit Pool wachsen mindestens fünf verschiedene Sorten Pfefferminze, die sich perfekt für den Frühstückstee eignen, und die reifen Orangen sind auch nur eine Armlänge entfernt. Die Selbstversorgung macht hier richtig Spaß, aber das ist bei den frischen Zutaten auch kein Wunder. In den frühen Morgenstunden wird der Kühlschrank von Danai mit Köstlichkeiten gefüllt: hausgemachte Marmelade, frisch gepflückte Avocados, Käse vom Bauern um die Ecke, Honig vom Imker aus den Bergen, griechischer Joghurt und allerlei mehr. Trotz der Nähe zur Natur ist man aber auch nicht ab vom Schuss und in wenigen Minuten in der Altstadt von Chania oder am Strand.

Metohi Kindelis – Par. 21 Eleftherias – Chania
T: +30 (0)28210 41321 – www.metohi-kindelis.gr

"Eine luxuriöse Oase inmitten von Granatapfelbäumen und Gemüsebeeten."

VILLA ATHERMIGO

➸ VERSTECKT • CHARMANT • GESCHMACKVOLL

Wenn Sie einen Ort suchen, an dem Sie mit Freunden oder der ganzen Familie Kreta genießen möchten, dann sind Sie hier richtig. Nur 30 Kilometer von Chania entfernt, erreichen Sie in einer 250 Jahre alten Ölmühle das absolute Erholungsparadies. Gleich nach dem Eintreten fällt das geschmackvolle Interieur ins Auge – eine gute Abwechslung zu der oft in Blau-Tönen gehaltenen Einrichtung. Der rustikale Stil wurde harmonisch mit modernem Chic verbunden. Die Villa besteht aus drei einzelnen Cottages, die sowohl separat als auch zusammen gemietet werden können. Dazu gehören eine gemeinsame Küche und ein Wohnzimmer, das mitten in der ehemaligen Olivenöl-Manufaktur liegt. Im wunderschönen Garten mit Pool und kleinen Gemüsebeeten, wo die frischen Zutaten für das Abendessen geerntet werden können, liegt pures Urlaubsflair in der Luft. Zwischen Oliven- und Orangenbäumen können Sie ungestört lesen, mit Freunden feiern und die lauen Sommernächte spüren. Einzige Geräuschkulisse könnte ab und zu mal die Glocke einer vorbeilaufenden Ziege mit sich bringen oder eine Windböe mit frischer Bergluft. Vor der Haustüre erwartet Sie das griechische Bilderbuch-Dorf Gavalochori. Wer keine Lust hat abends zu kochen, kehrt einfach in eine der charmanten Tavernen ein und lässt sich nach den Familienrezepten des Dorfes bekochen. Und keine Sorge, vor lauter Entspannung kommt keine Langeweile auf – der Strand ist in der Nähe, unzählige Bergdörfer wollen entdeckt werden und eine Weinverkostung ist auch leicht organisiert.

Villa Athermigo – Agios Pavlos – Gavalochori – Lage: 30 min von Chania entfernt
T: +30 213 039 1846 – www.athermigo.com

„In einer 250 Jahre alten Ölmühle erwartet Sie das absolute Erholungsparadies.“

LOVE

BOTELET

HERZLICH · FAMILIÄR · LÄNDLICH

Schon die Anfahrt macht glücklich. Durch saftige Wiesen und zwischen hohen Hecken führen kleine Schilder durch einen grünen Irrgarten zu dem Farmhaus, das 1884 erbaut wurde. Und kaum ist man angekommen, stürmt auch schon Julie durch den Garten und heißt einen so herzlich willkommen, dass man es gar nicht abwarten kann, ihr ins Haus zu folgen – in die große gemütliche Stube mit offenem Kamin und einer langen Tafel. Überall stehen frische Blumen, liegen bunte Kissen, hängen Fotos. Denn das Botelet ist ein wahres Familienhotel. Julie führt es mit ihrem Bruder Richard, die Eltern leben nebenan und regelmäßig kommt der Onkel, um in Breitcord-Hosen und mit neckischem Halstuch stilvoll die Rosen zu stutzen. Sitzt man mit Julie zusammen, möchte man die Farm eigentlich nicht mehr verlassen. Dampfender Tee und Espresso werden serviert, zum Frühstück gibt es das unschlagbar beste Granola, hergestellt von ihrer Mutter, und frische Früchte aus dem Garten. Überall liegen Interior Design Magazine – und man selbst sitzt im schönsten Landhaus-Setting mit gewienerten Steinböden und ausgesuchten Stoffen. Auch in den beiden Schlafzimmern im ersten Stock mit antiken Betten und zart getünchten Wänden, an denen schon mal ein Rahmen um einen Farbfleck gehängt wird, der so zu einem Gemälde wird. Das Botelet hat auch Cottages mit Selbstversorgung, Campgrounds und ein besonderes Erlebnis ist es, in einer der beiden Jurten auf dem Feld zu übernachten.

Botelet – Herodsfoot – Liskeard – Lage: je 45 min von Plymouth Airport und Newquay Airport entfernt – T: +44 (0)1503 220 225 – www.botelet.com

„Ein besonderes Erlebnis ist es, in einer der Jurten zu übernachten.“

WESTCROFT GUESTHOUSE

ROMANTISCH · LAUSCHIG · FUNKY

Kingsand ist ein Ort, wie man sich ihn in Cornwall wünscht. Klein, ursprünglich – und direkt am Meer gelegen. Ganz wie das Westcroft Guesthouse, das die kornische Idylle mit dem perfekten Tupfer lässigen Glamours versieht. Mit Rock'n'Roll Chic, zu dem Porträts von Marc Bolan und Iggy Pop gehören, Sixties-Lampen, Bilder von Irving Penn, Love-Kissen und kunstvollen Tapeten mit Kirschblüten, mit antiken griechischen Motiven, Blumenranken oder viktorianischen Mustern. Vor petrolfarbener Wand steht ein knallgrüner Sessel, in der Honeymoon Suite schaut man durch Dachfenster in den Himmel, alles ist funky, romantisch und perfekt inszeniert. Ganz vorne im Haus sind zwei Zimmer mit Kamin und Self-Catering, in die sich immer mal wieder Schriftsteller zurückziehen, der Innenhof ist lauschig begrünt und sitzt man gemeinsam beim Frühstück, schaut man aufs Meer, das nur wenige Meter entfernt ist. Seit vier Jahren betreiben Sarah und Dylan Mclees-Taylor das B&B in der einstigen Herberge einer Poststation von 1760 – samt Galerie. Und von Provinz keine Spur. Die beiden stellen Londoner Fotografen und spannende Künstler der Umgebung aus. Wer möchte, kann sich für den Aufenthalt ein Bild für sein Zimmer aussuchen, das Dylan dann dort aufhängt. Doch eigentlich ist das gar nicht nötig. Denn untermalt von Meeresrauschen bietet das Westcroft Guesthouse die schönsten Innenansichten und Aussichten.

Westcroft Guesthouse – Market Street – Kingsand – Lage: von Plymouth kann man mit der Fähre übersetzen – T: +44 (0)1752 823 216 – www.westcroftguesthouse.co.uk

„Die kornische Idylle mit dem perfekten Tupfer lässigen Glamours."

THE SOHO HOTEL

BIG · BOLD · BEAUTIFUL

Nördlich vom Piccadilly Circus beginnt ein kleines Gewirr von Straßen, das mehr Songs, Skandale, Filme, Bücher und Ideen hervorgebracht hat als irgendeine andere Quadratmeile auf der Welt. Soho. Mit seinen Bars, Restaurants, Theatern und dem ein oder anderen übrig gebliebenen Stripteaselokal gehört es seit jeher zu den nachtaktivsten Gegenden Londons. Nur stilvoll schlafen konnte man hier lange nicht. Das hat sich mit dem The Soho Hotel geändert. Wie ein großer moderner Luxusdampfer liegt es in einer kleinen ruhigen Seitenstraße. Seine Vergangenheit als Parkhaus ist ihm nicht mehr anzusehen. Designerin Kit Kemp hat das Interieur unkonventionell und bunt inszeniert. Hier verschmelzen Spaß, Entertainment und Tradition. Unnötig zu erwähnen, dass in den großzügigen Zimmern mit extrabreiten komfortablen Betten jedes Detail stimmt. Zuvorkommendes Personal in dunkelgrauen Mark-Powell-Maßanzügen, gemütliche Salons mit bequemen Sofas, offenen Kaminen und eine lange glamouröse Bar machen es zum Prototyp des modernen, lässigen Grand Hotels.

The Soho Hotel – 4 Richmond Mews – London-Soho
T: +44 (0)20 7559 3000 – www.firmdalehotels.com/hotels/london/the-soho-hotel

„Der Prototyp des modernen, lässigen Grand Hotels."

LA MINERVETTA

ENTSPANNT • MEDITERRAN • DETAILVERLIEBT

Alle Blicke sind hier aufs Meer gerichtet. Auf den Golf von Neapel mit dem Vesuv im Hintergrund, den Fischerbooten, die tief unten über das azurblaue Meer ziehen, den Fähren nach Capri und dem kleinen idyllischen Hafen von Sorrento. Wie ein gläsernes Nest hängt diese Villa aus den Fifties oben am Hang – und so grandios die Ausblicke von den 12 Zimmern und drei großen Terrassen sind, so kann man sich auch an dem Interieur nicht sattsehen. Türkise Fliesenböden und leuchtend blaue Wände bieten die Bühne für einen Stilmix, bei dem antike Segelschiffe auf Sixties-Drahtsessel von Warren Platner treffen, kunterbunte Vietri-Keramik auf Korallen, Seesterne, Muscheln und Meeresschwämme und immer wieder der Vesuv auftaucht, als kitschige Fifties-Postkarte, Kunstdruck, beim Ausbruch und in stiller Schönheit. Hier weht optisch ein kühler frischer Wind, gestaltet von dem Architekten Marco de Luca, und man kommt sich vor, als segle man über die endlose Weite des Meeres und dazu schreien die Möwen, die morgens schon mal versuchen, einem das Tomaten-Omelett vom Teller zu stehlen. Ein entspannter und surrealistisch schöner Ort, an dem Zitronen aus Keramikköpfen wachsen und den man eigentlich nicht verlassen möchte. Ringt man sich durch, führt eine Privattreppe zu einem verwunschenen Pool und 200 weitere Stufen hinab zum Strand und in den kleinen Hafen mit seinen Restaurants.

La Minervetta – Via Capo, 25 – Sorrento
T: +39 (0)81 877 4455 – www.laminervetta.com

„Man kommt sich vor, als segle man über die endlose Weite des Meeres.“

MASSERIA CIMINO

➳ LÄNDLICH · GEMÜTLICH · GESCHMACKVOLL

In der Masseria Cimino wird der Traum vom komfortablen und geschmackvollen Landleben, das alle Sinne anspricht, wahr. Das ausgezeichnete Frühstück streichelt den Gaumen mit selbst gebackenem Kuchen, der Duft von wilden Kräutern und der Geruch des Meeres umschmeicheln das Näschen und die üppige Dekoration aus Strauchtomaten und Kaktusblättern das Auge. Das köstliche Abendessen mit viel regionalem Gemüse wird als Buffet angeboten, sodass jeder seine Portion selber dosieren kann. Selbst Kleinigkeiten, wie die Knöpfe der Toilettenspülung, sind durch Holz ersetzt worden, um das Bild einer ursprünglichen Masseria zu wahren. Das Cimino ist ein Ableger der noblen Masseria San Domenico und profitiert in puncto Service und Professionalität von seinem großen Bruder. Das Publikum ist eher etablierter und golfinteressiert, denn das erste Loch liegt nur wenige Meter entfernt. Auf Fahrrädern, die den Gästen zur Verfügung stehen, kann man stundenlang auf den kleinen Arbeitswegen und durch die Olivenhaine radeln, die das „goldene Dreieck" zwischen Egnazia, Fasano, Ostuni und Marina di Ostuni durchziehen. Ab und zu schnauft ein Traktor oder eine dreirädrige Ape vorbei, oder man sieht einen Bauern, der mit seinem Hund unter einem Feigenbaum dösend der Mittagshitze zu entfliehen versucht.
Tipp: Cimino ist auch eine gute Wahl im Winter, weil die Masseria gut beheizbar und sehr gemütlich ist.

Masseria Cimino – Contrada Masciola – Savelletri di Fasano – Lage: 60 km vom Flughafen Bari entfernt – T: +39 080 4827 886 – www.masseriacimino.com

„Der Traum vom komfortablen und geschmackvollen Landleben, das alle Sinne anspricht.“

VILLA ARCADIO

ELEGANT · LUXURIÖS · UNBEFANGEN

In einem ehemaligen Kloster aus dem 14. Jahrhundert können Sie wunderbar stilvoll logieren. Es gibt keinen besseren Standort am Gardasee. Schlichte Eleganz, luxuriöse Details und moderne Raffinessen – lässiges Wohlfühlen pur! Schon die Auffahrt über die Allee hinauf zum Resort ist ein Vergnügen. Das ehemalige Kloster liegt auf einem Hügel inmitten eines elf Hektar großen Gartens mit Panorama-Pool, Olivenhainen, Blumen, Kräutern und Obstgärten. Der Blick vom Pool auf den See, auf Salò und die Hügel ist traumschön. Die Mischung aus altem Gemäuer, antiken Möbeln und modernem Design, der Mix an Materialien wie alten Holz- und modernen Stahltüren verströmt eine schlichte, unbefangene Eleganz. Das Frühstücksbuffet gehört zu den besten am Gardasee. Bei schönem Wetter wird unter aufgereihten bunten Glockenlampen und Weinranken auf der Veranda gespeist. Am Pool, in der Sauna, beim Yoga, den Massagen oder im Garten mit Blick auf den Gardasee können Sie die Seele baumeln lassen – oder einen Ausflug mit dem Riva Aquarama Special buchen und mit dem Motorboot über den See brausen. Das Restaurant mit typischen Spezialitäten und internationalen Gerichten ist ausgezeichnet – und steht auch Nicht-Hotelgästen offen. Beste Zutaten werden auf den Punkt zubereitet.

Villa Arcadio – Via Navelli, 2 – Salò
T: +39 0365 422 81 – www.hotelvillaarcadio.it

„Das Frühstück in der Villa Arcadio gehört zu den besten am Gardasee.“

CASA TALÍA

➳ MEDITERRAN · IDYLLISCH · GESCHMACKVOLL

Die Casa Talía wirkt wie ein kleines Village am Hang der Felsenstadt Modica im antiken hebräischen Viertel. 2003 startete der Mailänder Architekt Marco mit drei Zimmern – jedes Jahr ist eines dazugekommen, das er zusammen mit seiner Familie geschmackvoll restauriert hat. Die ruhige Oase mit Aussicht auf das Altstadtpanorama birgt insgesamt neun Zimmer und Suiten mit eigenen Gärten. Alle sind ruhige Einheiten, die über den mediterranen Garten miteinander verbunden sind. Die Wände sind zum Teil originales Mauerwerk, hinter dem man sich geschützt und geborgen fühlt wie in einer Festung. Die Casa Talía ist der Inbegriff von Entschleunigung: Hier kann man stundenlang lesend auf Sesseln, Hängematten und Liegestühlen verweilen. Unter Schatten spendenden Olivenbäumen wird das Frühstück serviert. Ob Smoothies aus frischem Obst oder hausgemachte Marmeladen, alles wird bequem an den Tisch gebracht. Für immer unvergesslich bleiben Duft und Blick – man wird regelrecht umweht vom Aroma der Jasminblüten, und die von der Sonne beleuchtete Felsenstadt mit Basilika wirkt wie eine Filmkulisse. Berührend atmosphärisch! Sollte man doch mal Lust verspüren, die Stadt mit den hundert Kirchen zu erkunden, ist man über den schmalen Treppenabstieg in nur fünf Minuten mitten in der Altstadt.

Casa Talía – Via Exaudinos – Modica – Lage: ca. 1,5 Stunden von Catania entfernt
T: +39 0932 752 075 – www.casatalia.it

»Für immer unvergesslich bleiben Duft und Blick.«

MONACI DELLE TERRE NERE

MALERISCH • GENUSSVOLL • GASTLICH

Eingebettet zwischen Olivenhainen und Weinhängen liegt die rosarot getünchte Villa malerisch zu Füßen des Ätnas. Über 20 loftartige Zimmer und Suiten mit ineinanderfließenden Räumen bestechen mit ihrem Kontrast rauer, naturbelassener Steinwände zu modernen Möbelstücken, hellen Stoffen und viel Holz. Die Gastgeber und Eigentümer Guido und Ada sorgen dafür, dass Ihr Tag nicht besser beginnen kann als mit einem üppigen „km Null“-Frühstück mit Käse, selbst gebackenem Brot und frischem Obst und Gemüse, aus dem man sich seinen Saft selbst pressen kann – alles frisch von der Farm oder von regionalen Anbietern – auf der Außenterrasse mit traumhaftem Ätna-Ausblick serviert. Das Obst- und Gemüseangebot umfasst über 60 Sorten, darunter ein von Slowfood ausgezeichneter Kohl, und lässt nicht nur Vegetarier-Herzen höher schlagen. Der üppige Garten mit seinen frei stehenden Himmelbetten, dem Pool und der Outdoor-Bar lädt zum kontemplativen Nichtstun ein. Von der traumhaften Panoramaterrasse hat man einen atemberaubenden Blick bis zum Meer. Auf ihr genießt man abends ein A-la-Carte-Menü, das zu den besten der Insel gehört und in Kombination mit einem edlen Tropfen seines eigenen Weines „Guido Coffa“ höchsten Genuss verspricht. Besser geht es nicht. Die einzigartige Lage und die Gastlichkeit der beiden Sizilianer Guido und Ada macht aus dem Monaci delle Terre Nere ein Traumsetting, das man am liebsten gar nicht mehr verlassen möchte.

Monaci delle Terre Nere – Via Monaci – Zafferana-Etnea – Lage: 45 min. bis Catania
T: +39 095 7083 638 – www.monacidelleterrenere.it

"Ein Traumsetting, das man am liebsten gar nicht mehr verlassen möchte."

GASTHOF BAD DREIKIRCHEN

HERZLICH · UNGEZWUNGEN · LEBENDIG

In diesem Sommerfrischehaus aus dem 14. Jahrhundert haben schon Sigmund Freud und Christian Morgenstern die Seele baumeln lassen – mit Blick auf die gegenüberliegende Seite des Eisacktals und die Dörfer, die aussehen, als seien sie an die Berghänge getupft. Der Gasthof Bad Dreikirchen mit seinen Deckenmalereien wurde behutsam renoviert und steht heute unter Denkmalschutz. Schaut man von der großen Sonnenterrasse in die Landschaft hinein, hat man das Gefühl, dass sich in den letzten Jahrhunderten nicht viel verändert hat. Umsorgt wird man vom Hausherrn Matthias Wodenegg, der herzlich, gastfreundlich und erfrischend offen ist, einem aber gleichzeitig genug Raum lässt, sich ganz ungezwungen in dem Gasthof zu bewegen: im Musikzimmer mit seinem Flügel oder der Bibliothek, in der an kälteren Tagen schon mal der Kamin prasselt und an dem man sich auf dicken Kissen ganz wohlig niederlassen kann. Im lichten Speisesaal und auf der Terrasse werden typische Tiroler Gerichte wie Schlutzkrapfen, Knödel oder Schmarrn serviert und die Spezialität des Hauses, der beliebte Knödelsalat.
Es geht lebendig in dem Haus mit seinen 27 Zimmern zu, tagsüber kann man am Pool auf der Wiese liegen, zu Bergtouren aufbrechen und sich auf das Menü freuen, das für die Hotelgäste allabendlich gekocht wird.

Gasthof Bad Dreikirchen – Dreikirchen 12 – Barbian – Lage: ca. 45 min von Bozen entfernt – T: +39 0471 650 055 – www.baddreikirchen.it

„In diesem Sommerfrischehaus haben schon Sigmund Freud und Christian Morgenstern die Seele baumeln lassen."

ZIRMERHOF

➳ FAMILIÄR · ENTSCHLEUNIGT · GEHOBEN

Um den Zirmerhof in vollen Zügen genießen zu können, sollte man am besten gleich mehrere Tage bleiben. Denn der uralte Sitz der Familie Perwanger auf dem Radeiner Hochplateau ist ein alpines Gesamtkunstwerk. „Eine größere Almhütte", nennt der Junior es – und das ist maßlos untertrieben. Das Haus ist so weitläufig, dass man sich in den verwinkelten Gängen verlaufen kann, und dabei spürt man auf Schritt und Tritt die Geschichte. Gelebtes Holz, bemalte Türen, alte originale Betten, kunsthistorische Drucke und antike Nachtschränkchen sind im Zirmerhof und in seinen 35 Zimmern verteilt. Die Atmosphäre ist einzigartig, gehoben, gemütlich und familiär. Hier fühlt sich jeder willkommen, egal ob er mit seiner Familie oder alleine reist. Und wird im großen Saal Frühstück oder das abendliche Menü serviert, bleiben viele Gäste gerne länger sitzen. Im Wellness-Bereich duftet es nach Heu und man kann sich gar nicht entscheiden, wo man am besten relaxt. Bei einem Almheubad oder der Gewürztraminerkernöl-Packung, auf einem der Felle oder im großen beheizten Außenpool mit schönster Aussicht auf das Bergpanorama. Wollen Sie den Zirmerhof dennoch einmal verlassen, packt Ihnen die Familie Lunchpakete für Ihre Wanderungen und versorgt Sie mit vielen Tipps. Wer nicht im Zirmerhof wohnt, kann zumindest mittags dort essen. Dafür sollten Sie aber auf jeden Fall vorher anrufen.

Zirmerhof – Oberradein 59 – Radein – Lage: ca. 45 min von Bozen entfernt
T: +39 0471 887 215 – www.zirmerhof.com

„ Der uralte Familiensitz ist ein alpines Gesamtkunstwerk. “

FATTORIA SAN MARTINO

➳ LIEBEVOLL · KREATIV · VERWUNSCHEN

Am Fuße des malerischen Hügelstädtchens Montepulciano liegt inmitten von Rebbergen, Olivenhainen, Korn- und Sonnenblumenfeldern die wundervolle Fattoria San Martino. Das Feldsteinhaus wurde voll inspirierender Kreativität von der niederländischen Modedesignerin Karin Lijftogt in ihrem ganz eigenen Stil liebevoll ausgestattet. In den vier Zimmern wechseln sich rohe Wände mit warmen Erdtönen ab, die Lampen sind selbst entworfen, bestehen aus gestanztem Papier, sind zu Sternen gefaltet oder ganz nah über dem Boden angebracht. Die Bettwäsche ist mit großen Bonmots bedruckt. Die Böden aus gewachstem, altem Holz geben als Kontrast eine schöne Wärme ab. In der perfekten modernen Fattoria möchte man am liebsten ewig bleiben. Ob Pasta, Honig oder Öl, die enthusiastische Gastgeberin und ihr Mann, Antonio Giordini, machen alles selbst, bauen Heilkräuter, Getreide, Obst und sogar Safran an. Zum Frühstück gibt es frische biologische Produkte. Abends wird auf Wunsch gekocht und in einem großen Kaminzimmer unter eigensinnig schönen Glasleuchtern gegessen. Die Energie stammt größtenteils aus Sonne und Holz. Der verwunschene Naturpool ist ohne Chlor, von hier aus kann man seinen Blick über die Hügel bis nach Montepulciano schweifen lassen: ein ideal erfrischender Start in den Tag. Und wer sich danach noch kreativ austoben möchte: Im Atelier von Karin Lijftogt werden Golschmiede-, Näh- und Kunstkurse angeboten. Einfach himmlisch!

Fattoria San Martino – Via Martiena, 3 – Montepulciano
T: +39 0578 717 463 – www.fattoriasanmartino.it

> „In der perfekten modernen Fattoria möchte man am liebsten ewig bleiben.“

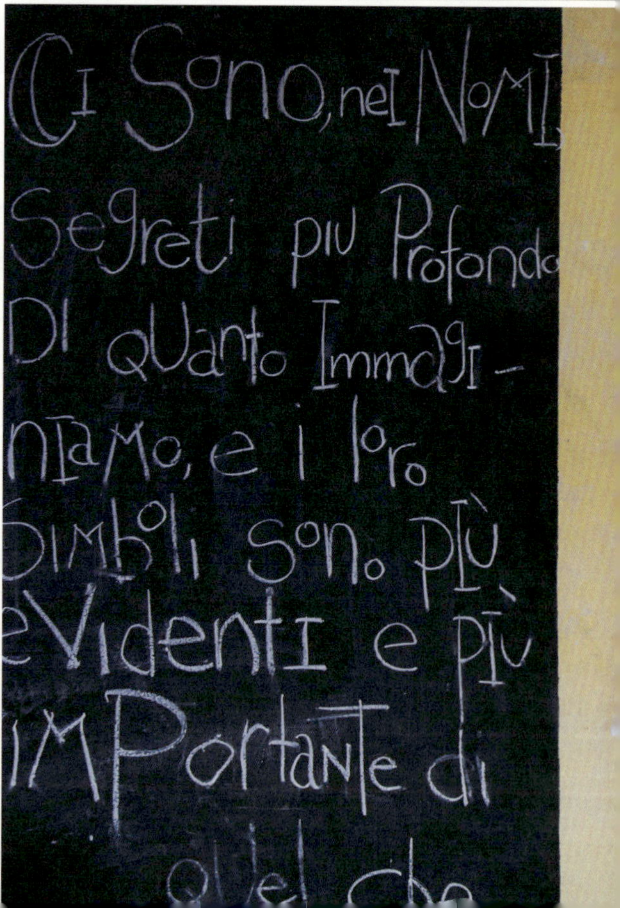

KARIN LIJF
GOOD
MOOD

IL FOLLONICO

➳ MAGISCH · WARM · LÄNDLICH

Il Follonico ist einer dieser magischen Orte, an dem einfach alles stimmt. Oft sind es die kosmopolitischen Paare, hier der Römer Fabio mit seiner Frau Suzanne aus Holland, die die schönsten Projekte aus einem kreativen nordischen Blickwinkel für Design und einer südlichen Wärme und Gastlichkeit entwickeln und der Toskana damit ein neues Gesicht geben. Die Zimmer sind unterschiedlich und kleine Kunstwerke an sich. Alle muten modern an, sind aber warm, klar und ländlich mit kleinen poetischen Inszenierungen. Suzanne liebt es, alten Dingen ihren Zauber zurückzugeben: „Viele würden diese Dinge wegschmeißen, ich dagegen liebe sie, und weil ich sie so liebe, lieben unsere Gäste sie jetzt auch." Ein befreundeter, prominenter Architekt gab Fabio Firli und Suzanne Simons als Motto mit auf den Weg: „Überlegt euch gut, ob ihr einen Stein aus dem Gemäuer nehmt, denn selbst wenn ihr ihn danach genauso in die Mauer setzt, wird sie nie wieder so gut aussehen." Zum Frühstück treffen sich alle Gäste an großen Tischen wie in einer WG, und es herrscht ein sympathisch familiäres Miteinander mit den drei Kindern des Hauses und den internationalen Gästen, die schnell bei einem Kaffee aus den süßen romantischen Tassen miteinander ins Gespräch kommen. Die Lage mitten in den Weinbergen ist ideal. Von hier aus können Sie Ausflüge nach Montepulciano, Montefollonico, Torrita di Siena und Pienza machen. Abends können Sie Ihre toskanischen Kochkünste bei Ana vervollkommnen.

Il Follonico – Località Casale, 2 – Torrita di Siena
T: +39 0577 669 773 – www.follonico.com

HUNTER
HUNTER

»Zum Frühstück treffen sich alle Gäste am großen Tisch und es herrscht ein sympathisch familiäres Miteinander.«

LOCANDA AL COLLE

➸ IDYLLISCH • BOHEMIAN CHIC • LÄNDLICH

Nicht weit von der trubeligen Küste entfernt, liegt zwischen Olivenbäumen oberhalb des Lido di Camaiore die moderne Oase Locanda al Colle. Wer den verschlungenen Weg erst einmal gefunden hat, kann an diesem lässig eleganten Ort wunderbar die Seele baumeln lassen. Ideal, um sich nach Stunden am Strand zurückzuziehen – oder ganze Tage in dem kleinen idyllischen Garten mit Pool zu verbringen und von oben in die hügelige, grüne Landschaft und auf das Meer in der Ferne zu schauen. Auch im Haus selbst kann man sich nicht satt sehen. Kunst zieht sich vom Treppenhaus durch alle Räume: moderne Malerei, immer wieder Skulpturen, Bohemian Chic und die unterschiedlichsten Lampen, die Riccardo Barsottelli mit besonderer Leidenschaft sammelt. Zum Frühstück auf der Terrasse gibt es frische regionale Köstlichkeiten: Himbeeren, Feigen, Schinken, frisch gepressten Grapefruitsaft. Zweimal in der Woche stellt Riccardo Barsottelli sich in die schöne offene Küche und verwöhnt seine Gäste mit einem Menü und toskanischen Weinen. Spätestens dann fühlt man sich, als sei man bei guten Freunden zu Hause. Auch weil die Gastgeber einen jederzeit mit zahlreichen, sehr guten Tipps umsorgen.

Locanda al Colle – Via la Stretta, 231 – Camaiore
T: +39 0584 915 195 – www.firmdalehotels.com/hotels/london/the-soho-hotel

"Zweimal in der Woche stellt Riccardo Barsottelli sich in die schöne offene Küche und verwöhnt seine Gäste mit einem Menü und toskanischen Weinen."

VILLA BORDONI

VERSTECKT · GESCHMACKVOLL · VERWUNSCHEN

Die Villa Bordoni ist ein Kleinod. Sie ist ohne Auto nur für Profis zu erreichen. Wer aber einmal den Weg gefunden hat, will hier in der Regel nie wieder weg. Jedes auch noch so winzige Detail wurde in dieser Landhausvilla aus dem 16. Jahrhundert mit viel Liebe und Geschmack nach einem schlüssigen Konzept gestaltet: von den handbedruckten Wänden bis hin zum verwunschenen Pool. Das Design hebt sich von anderen Hotels in der Toskana deutlich ab. Dazu genießen Sie die Schönheit der hügeligen toskanischen Landschaft und eines Restaurants, in dem Sie Stunden verbringen möchten. Falls Sie die Villa Bordoni doch noch einmal verlassen wollen, befinden Sie sich mitten im Herzen des Chianti: In wenigen Minuten sind Sie in Greve und schnell in Panzano. Nach Siena und Florenz ist es gleich weit, etwa 30 Kilometer, da bräuchten Sie ca. 40 Minuten. Die Betreiber des 2006 neu eröffneten Hotels sind keine Neulinge. Ihnen gehören in Florenz zwei sehr erfolgreiche Restaurants: das Baldovino und das Beccofino. Die Erfahrung ist im besten Sinne in ihr Hotel eingeflossen. Obwohl es in der Toskana, gerade im Chianti, ein breites Angebot an Hotels gibt, hält in dieser Preisklasse keines mit der Villa Bordoni mit.

Villa Bordoni – Via San Cresci 31/32 – Greve-Loc. Mezzuola
T: +39 055 8546 230 – www.villabordoni.com

»Die Villa Bordoni ist ein Kleinod und ohne Auto nur für Profis zu erreichen.«

RELAIS CASAMASSIMA

HERZLICH · HEIMELIG · ELEGANT

Mehr als 25 Jahre hat Anna Locori in der Fashion-Industrie gearbeitet – als Assistentin der Familie des visionären Schuhdesigners Salvatore Ferragamo, ist um die Welt gejettet, baute deren Schuhmuseum mit auf, um sich 2008 schließlich auf das Familienanwesen ihres Mannes zurückzuziehen. Und während er in der Woche als Arzt in Florenz arbeitet, umsorgt sie ihre Gäste mit einer Leidenschaft und Herzlichkeit, die mitreißend ist. Drei elegante und heimelige Suiten hat sie eingerichtet, die von Wein umrankt sind, eigene Eingänge sowie kleine Terrassen haben und mit Liebe ausgestattet sind. Mit Antiquitäten, hellem Leinen und Malereien, die auf pure Steinwände treffen – und dazu hat sie an Kleinigkeiten gedacht, die einen großen Unterschied machen. Kunstbände und andere Bücher über die Region liegen bereit, und im Bad gibt es neben einem Vergrößerungsspiegel Badesalze, Kosmetik aus Olivenöl und kuschelige Bademäntel, in denen man am Kamin relaxen kann. Genauso wie am Pool oder auf der großen Terrasse, die schon Motiv für den berühmten Fotografen Steve McCurry war, der hier eine Kampagne fotografierte. Wahlweise dort oder in einem kleinen Wintergarten wird das Frühstück serviert – mit hausgemachten Marmeladen und Käse aus der Umgebung und allem anderen, was das Herz begehrt, und dazu gibt es jede Menge Tipps von Anna, die sich auch kulturell bestens in Perugia und in der Umgegend auskennt.

Relais Casamassima – Strada Pieve San Sebastiano, 5 – Perugia – Lage: jeweils 2 Stunden von Rom und Florenz entfernt – T: +39 338 8255 682 – www.relaiscasamassima.it

»

Anna Locori umsorgt
ihre Gäste mit einer
Leidenschaft und Herzlichkeit,
die mitreißend ist.

«

EREMITO

ENTSCHLEUNIGT · KLÖSTERLICH · NACHHALTIG

Zeit für sich selbst zu haben und zur Ruhe zu kommen, das ist heute der größte Luxus, weiß Marcello Murzilli, der ein erfolgreicher Fashion-Designer war, bevor er in Mexiko das Eco Luxus Resort Desconocido eröffnete – und 2009 nach Jahren nach Italien zurückkehrte. Seither hat er sein neues Herzensprojekt aufgebaut, das klösterliche Eremito, in dem man aus dem Alltag aussteigen kann. 32 000 Kilometer hat er zurückgelegt, bevor er das Anwesen auf einer Anhöhe inmitten von Wäldern entdeckte und es in einen modernen Rückzugsort verwandelte, an dem spirituelle Klänge durch die Hallen wehen – und man in einem der 14 Einzelzimmer schläft, mit marmornen Weih-Waschbecken, antiken Betten und Eremitengemälden. Augenzwinkernd ist der Bademantel wie eine Kutte designt, die Bettwäsche ist aus bestem Leinen handgenäht, und auch sonst stimmt jedes Detail. Das Biogemüse kommt aus dem eigenen Garten, zum Frühstück gibt es selbst gebackenes Brot, abends Bohnensuppe, Tomatensalat und Getreidetaler, dazu Wein aus dem Tonkrug und einen prasselnden Kamin. Man kann durch den Rosengarten schlendern, Yoga machen, den Fels-Jacuzzi genießen oder einfach die atemberaubenden Blicke auf die Landschaft. Sein Auto parkt man unten am Fluss und steigt in Marcellos Jeep um, der einen über Stock und Stein in die schönste Abgeschiedenheit bringt – ganz ohne Wi-Fi und sonstige Banalitäten.

Eremito – Località Tarina, 2 – Parrano-Orvieto – Lage: ca. 2 Stunden von Rom entfernt
T: +39 0763 891 010 – www.eremito.com

»Ein moderner Rückzugsort, an dem man leicht aus dem Alltag aussteigen kann.«

LA CALCINA

➳ SYMPATHISCH · SCHLICHT · LUFTIG

Das La Calcina ist ein ganz besonders sympathisches Hotel und als solches eine Rarität in Venedig, da sich Hotelbesitzer hier nie groß um ihre Gäste bemühen müssen, weil die Stadt sowieso fast immer ausgebucht ist! Zum Glück sieht das Alessandro Szemere, Besitzer des La Calcina, anders. 1994 übernahm er das Hotel seiner Großmutter, die er in seiner Jugend von Rom aus während der Sommermonate jedes Jahr besuchte. Sicher sind die schönen Erinnerungen an die vergangenen Tage, die er mit seinen Freunden beim Schach auf der Hotelterrasse verbrachte, ausschlaggebend für die warme Atmosphäre, die überall im Haus gegenwärtig ist. Ein weiteres Lob gilt den schlichten Zimmern, die hell und luftig sind und teilweise einen herrlichen Blick auf Giudecca bieten. Die Lobby ähnelt einem Literarischen Salon. Gäste, Künstler und Freunde gehen hier ein und aus und machen es sich mit einer Zeitung und einem Tee am Fenster gemütlich. Im Sommer sitzen natürlich alle auf der Terrasse des Restaurants La Piscina über dem Canale della Giudecca und genießen die Küche – mit vegetarischem Schwerpunkt – bei einem guten Glas Wein aus dem Veneto.
Tipp: Besonders schön mit Aussicht auf den Kanal ist das Zimmer 34. Reservieren Sie rechtzeitig, das Hotel ist oft schon Wochen im Voraus ausgebucht.

La Calcina – Dorsoduro 780 – Venedig-Zattere
T: +39 041 520 6466 – www.lacalcina.com

»Die Lobby ähnelt einem Literarischen Salon. Gäste, Künstler und Freunde gehen hier ein und aus.«

NUMBER 31

➛ GLAMOURÖS • GASTLICH • VERSTECKT

Zu einem hippen Domizil baute der legendäre irische Architekt Sam Stephenson Stallungen für seine junge Familie in den späten 50er-Jahren um. Daraus wurde bald ein Partytreff der Prominenten: Grace Kelly, Kissinger, Ted Kennedy sollen hier gefeiert haben. Das bahnbrechend moderne Design des glamourösen Hauses entfachte zudem heftige Debatten: Die Schwiegermutter etwa zeigte sich geschockt von den unverputzten Wänden und prophezeite der jungen Familie noch viel Ärger mit zukünftigen Tapeten. Genial ist die tief liegende Lounge, bekannt als Dublins coolstes Interieur, mit den hohen Decken und der silbrig schimmernden Bar. Noel und Deirdre Comer kauften das Haus, beließen Stephensons Räume weitgehend in ihrem ursprünglichen Zustand, kauften ein georgianisches Haus dazu und verwandelten das Ensemble mit kleinem Townhouse-Garten in einen Geheimtipp: das Bed & Breakfast Number 31. Die Betonung liegt auf Breakfast: Das Frühstück wird in einem wunderschönen Wintergarten serviert und ist fraglos eines der besten von ganz Dublin. Die neuen Zimmer halten zwar nicht mit dem coolen Chic von Stephenson mit, trotzdem ist Number 31 etwas ganz Besonderes: Das merken Sie spätestens, wenn Ihnen Eduardo zur Begrüßung in der Lounge tänzelnd aus einer knallroten Kanne einen köstlichen heißen Tee serviert. Number 31 liegt hinter einer ochsenblutfarbenen Tür versteckt in einer winzigen verwinkelten Straße etwas südlich des Dubliner Zentrums.

Number 31 – 31 Leeson Close – Dublin
T: +353 (0)1 676 5011 – www.number31.ie

„Genial ist die tief liegende Lounge, bekannt als Dublins coolstes Interieur, mit den hohen Decken und der silbrig schimmernden Bar."

KASBAH BAB OURIKA

VERSTECKT · TRAUMHAFT · MARROKANISCH

Hoch über dem Ourika-Tal schmiegt sich die Kasbah Bab Ourika an das Atlasgebirge. Über steinige Pisten und durch kleine Berberdörfer erreicht man das Eco-Ressort, welches der Brite Stephen Skinner 2009 in die Einsamkeit bauen ließ. Als Vorbild dienten die traditionellen marokkanischen Kasbahs (Festungen) der Region, mit ihren dicken Lehmmauern, den vielen Innenhöfen, Terrassen und versteckten Rückzugsorten. Selbst wenn die 15 Räume ausgebucht sind, kriegt der Gast davon nichts mit. Zu weitläufig ist sowohl die Kasbah als auch der großzügig angelegte Garten. Von fast jedem Winkel sowie aus vielen der Zimmer hat man einen fantastischen Blick auf das Atlasgebirge, über das Ourika Tal und den angrenzenden Nationalpark. Die Innenräume sind mit handgewebten Teppichen, extra angefertigten Sesseln und ausgesuchten Antikmöbeln eingerichtet. Besonders empfehlenswert ist das Zimmer Nummer neun, dessen Dusche sich unter freiem Himmel befindet und schon beim morgendlichen Haareeinschäumen einen exklusiven Blick auf das Gebirge erlaubt. Sowohl das Frühstück als auch das täglich wechselnde Abendmenü, sind mit viel Liebe zubereitet und bieten zeitgenössische Küche mit einem marokkanischen Twist an. In der Kasbah Bab Ourika kann man locker ein paar Tage, wenn nicht sogar eine ganze Woche bleiben und die Tage mit Ausflügen zu den umliegenden Berberdörfern verbringen, die nahe liegenden Setti-Fatma-Wasserfälle besuchen oder mit einem guten Buch am traumhaften Pool der Kasbah liegen.

Kasbah Bab Ourika – Asgaour-Tnine Ourika
T: +212 (0)668 749 547 – kasbahbabourika.com

"Von fast jedem Winkel sowie aus vielen der Zimmer hat man einen fantastischen Blick auf das Atlasgebirge."

BELDI COUNTRY CLUB

EXOTISCH • ROMANTISCH • ENTSPANNT

Der Beldi Country Club ist einer dieser Plätze, die man am liebsten nie mehr verlassen möchte! Der in Marokko gebürtige Franzose Jean-Dominique Leymarie hat auf 50 Hektar das Paradies erschaffen, bestehend aus Country Club, Hotel, Spa und einem eigenen kleinen Souk. Das Reich von Leymarie liegt etwa 15 Minuten außerhalb der Medina auf der Route du Barrage und ist offen für Tagesbesucher. Vom Parkplatz aus schreitet man vorbei an Rosengärten, deren 13 000 verschiedene Sorten jeden Engländer vor Neid erblassen lassen würden, durch einen romantisch angelegten Garten, hin zum Pool im Olivenhain. Doch das ist erst der Anfang. Von den im Haus angefertigten Stickereien, die die Stoffservietten schmücken, bis hin zu den Seerosenteichen und von Bougainvillea umrankten Außenduschen – hier stimmt jedes noch so kleine Detail. Trotzdem wirkt es natürlich und organisch gewachsen. Der Country Club ist eine Oase für alle, die mal einen Tag Ruhe wollen vom Citylife Marrakeschs, die am Pool liegen wollen, anstatt über den Souk zu laufen. Einmal hier angekommen, gibt es keinen Grund, dieses Paradies wieder zu verlassen. Das angrenzende Restaurant versorgt einen mit allem, was man sich wünschen kann: frisch gepressten Säften, Smoothies, gekühltem Rosé, gegrillter Seezunge, frischen Gambas, Entrecôte vom Grill und süßen Leckereien.

Beldi Country Club – Lage am km 6, Route de Barrage – Marrakesch
T: +212 (0)524 383 950 – beldicountryclub.com

"Einer dieser Plätze, die man am liebsten nie mehr verlassen möchte!"

RIAD
EL FENN

➵ VERWUNSCHEN · SINNLICH · ELEGANT

Das Riad El Fenn ist ein besonderer Ort: Verwunschen, ruhig, sinnlich, elegant und vielleicht das schönste Riad in der Medina. Großzügig erstreckt es sich über vier miteinander verschlungene Innenhöfe, einer Vielzahl von Terrassen, Chill-Out Lounges und Pools. Neben marokkanischem Kunsthandwerk zieren Kunstwerke von William Kentridge und Bridget Riley die Wände. Jeden Nachmittag zwischen 15.30 und 17.00 Uhr wird in einem der Höfe marokkanischer Minztee mit Süßigkeiten serviert. Auch das Frühstück ist homemade und natürlich organic. 21 Räume hat das Boutique Hotel von Vanessa Branson sowie ein separates Riad, nur eine Minute vom Haupthaus entfernt, für größere Gruppen oder Familien. Wer nicht in den Genuss kommt, im El Fenn zu wohnen, sollte unbedingt zum Essen oder auf einen Drink auf der Dachterrasse vorbeikommen. Von hier oben hat man einen atemberaubenden Blick über die Stadt, in dessen Hintergrund sich an klaren Tagen die oft schneebedeckten Gipfel des Atlasgebirges abzeichnen. Als ob es damit nicht genug wäre, krönt El Fenn sein Angebot noch mit einem hoteleigenen Hamam-Bereich. Hier lässt man endgültig den Alltag hinter sich und schwitzt letzte Reste von Stress und Giften aus Körper und Seele heraus.

Riad El Fenn – Derb Moullay Abdullah Ben Hezzian – Bab El Ksour – Marrakesch-Medina
T: +212 (0)524 441 210 – el-fenn.com

„Wer nicht in den Genuss kommt, hier zu wohnen, sollte unbedingt zum Essen oder auf einen Drink auf der Dachterrasse vorbeikommen.“

THE COLLEGE HOTEL

➸ MODERN • ELEGANT • VERSPIELT

Das ehemalige Schulgebäude aus dem Ende des 19. Jahrhunderts liegt einige Minuten vom Vondelpark entfernt in einer der teuren Wohngegenden Amsterdams. Das imposante Gebäude besticht nicht nur durch ein stilvolles Interieur mit wunderschönen edlen Stoffen und unzähligen stimmigen Details, sondern auch durch ein besonderes Konzept. Hier werden Hotelfachschüler ausgebildet, die unterstützt von Profis bemüht und gerne auch noch etwas unbeholfen überall sichtbar ihre Arbeiten verrichten. Vielleicht trägt das auch mit zu der auffällig lebendigen Atmosphäre bei, die sich von der geselligen Bar bis in das Restaurant zieht. Anscheinend haben alle Amsterdamer die Lounge zu ihrer Lieblingsbar erklärt. Dazwischen trinken Models nach ihrem Job noch einen Kaffee, Medien- und Geschäftsleute besprechen sich hier unter vier Augen und anspruchsvolle Gourmets treffen in dem freundlichen Speisesaal zum Lunch zusammen – und mit etwas Glück läuft ein Schüler mit dem Staubsauger in der Hand im völlig falschen Moment mittendurch. Aber genau das macht das College so liebenswert.

The College Hotel – Roelof Hartstraat 1 – Amsterdam
T: +31 (0)20 5711 511 – www.thecollegehotel.com

»Gemütlich in flauschigen Sesseln sitzend können Sie die Schüler beim Werkeln in der Küche beobachten.«

DER SEEHOF

LÄSSIG • HERZLICH • IDYLLISCH

Weniger das Gefühl einer temporären Unterkunft als vielmehr das einer behaglichen Ankunft ergreift den Eincheckenden auf Anhieb. Hier finden Sie optimale Erholungsbedingungen: die sensationelle Lage direkt an einem Moorsee, eine großzügige Terrasse, auf der man unter Kastanienbäumen einen betörenden Postkartenblick auf eine wunderschöne Wiesen-, See- und Berg-Idylle genießt, die Atmosphäre eines historischen Hauses fern jeglichen Alpenbarocks. Mit leichten Stoffen und fröhlichen Farben gelingt die Verbindung von Tradition und Lässigkeit für eine urbane Generation, die sich hier auf die Natur zurückbesinnen kann – ohne Kitsch, Folklore und inszeniertes Freizeit-Tamtam. Je nach Saison liegen Aktivitäten in freier Natur nahe, wie Golfen, Wandern, im Moorsee Schwimmen, Langlaufen, Skifahren und Eislaufen. Dazu bietet Sepp Schellhorns Haubenküche alles, was selbst anspruchsvolle Erwartungen noch übertrifft – vom Frühstücksbuffet mit regionalen Produkten bis zum abendlichen 5-Gänge-Menü à la carte. Vor dem knisternden Kamin sitzen, es Anneliese und Hermann, zwei lieben Haushunden in wilder Ehe, gleichtun und gesellig genießend die Zeit verstreichen lassen. Einfach herrlich, im Glück angekommen zu sein!

Der Seehof – Hofmark 8 – Goldegg am See – Lage: ca. 45 min. von Salzburg entfernt
T: +43 (0)6415 81370 – www.derseehof.at

DEAN
MARTIN
Everybody
Loves
Somebody

„Die Atmosphäre eines historischen Hauses fern jeglichen Alpenbarocks."

HAUS HIRT

GESCHMACKVOLL · REGENERIEREND · IMPOSANT

Als Gast des Hauses Hirt rückt man dem Himmel wahrhaftig ein Stückchen näher. Das liegt nicht nur an der fantastischen Hanglage, sondern auch an den großzügig behaglichen Räumlichkeiten mit sensationellen Ausblicken, seiner Wellness-Abteilung, der Spa-Terrasse, dem hauseigenen Thermalwasser, den hochprofessionellen Anwendungen und vor allem auch an seiner stilsicheren Atmosphäre. Das äußerst geschmackvolle farbenfrohe Interieur wurde von seinen kreativen Inhabern Evelyn und Ike Ikrath zur perfekten Mischung aus heutigem Zeitgeist und traditionellem Komfort neu gestaltet. An der stilvollen Bar ließen schon berühmte Schriftsteller, wie Stefan Zweig und Thomas Mann, ihre Eindrücke sacken. Hier treten Sie in die Erholungs-Fußstapfen erfolgreicher Unternehmer, wie Bahlsen und Krupp, und erbauen sich an denselben imposanten Impressionen eines zeitlosen Naturschauspiels. An keinem Ort in den Gasteiner Bergen präsentiert sich die Sommer- und Winterfrische so erhaben. Bereits zum Frühstück werden Sie mit köstlichen Bio-Produkten, selbst gemachten Marillen- und Rhabarbermarmeladen, frisch gepressten Säften, Hirsebrei, glutenfreiem Brot und Almkäse aus Sportgastein verwöhnt. Die perfekte Grundlage für eine eindrucksvolle Wanderung mit eigenem Führer. Eine Schmökerstunde im Salon vor knisterndem Kaminfeuer, gekrönt von einem 4-Gänge-Menü, lässt den modernen „Großstadt-Hans“ zu „Hans im Glück“ werden – ob mit oder ohne Familie.

Haus Hirt – Kaiserhofstraße 14 – Bad Gastein – Lage: 1,5 Stunden bis Salzburg
T: +43 (0)6434 27970 – www.haus-hirt.com

"An keinem Ort in den Gasteiner Bergen präsentiert sich die Sommer- und Winterfrische so erhaben."

HOTEL
REGINA

DAS REGINA

➳ URBAN · STYLISCH · KREATIV

Nur wenige Fußminuten von Casino und Ortszentrum mit seinem weltberühmten Wasserfall entfernt, erstrahlt das Hotel Regina im Glanz einer großen, weiten, und vor allem für den Ort neuen Übernachtungswelt. Eher Townhouse als Hotel, mixen sich hier gekonnt und geschmackvoll die Stile: von echt golden venezianisch über Italobauernchic bis zum Shabby-Style. Der junge Hotelier entrümpelte das Jahrhundertwendehaus, entfernte Wände, legte wertvolles Parkett frei und kaschierte dabei seine charmanten Gebrauchsspuren nicht, sondern versiegelte sie. Strich jedes Zimmer mutig anders und wusste genau, was es zu behalten galt: wie beispielsweise die müden grünen Bezüge der Entreé-Möbel, die sich nicht nur samtig ins Auge schmeicheln. Auch die wertvollen Patchwork-Marmor-Tische, die zwar einmalig aussehen, aber genauso im Zwillingshotel Metropol in Venedig stehen, tragen zu einer lässigen Salonatmosphäre bei. Das Wort Atmosphäre macht sich sowieso überall breit. Deshalb können die Nächte nach einem Essen mit sehr guter, frischer, junger Küche auch durchaus länger werden – entweder auf großen Polstern vor prasselndem Kaminfeuer oder im hauseigenen Kino vor der Leinwand. Danke, Olaf Krohne!

Das Regina – Karl-Heinrich-Waggerl-Straße 5 – Bad Gastein – Lage: ca. 1,5 Stunden bis Salzburg – T: +43 (0)6434 21610 – www.dasregina.com

„Eher Townhouse als Hotel, mixen sich hier gekonnt und geschmackvoll die Stile.“

TAXHOF

BEHAGLICH · ENTSPANNEND · REGIONAL

Sie tragen als lärmbeschallter Großstädter die Sehnsucht nach Ruhe und Ursprünglichkeit in sich? Seit 1687 lebt die Familie Unterberger in ununterbrochener Erbfolge auf dem Taxhof und spätestens beim Betreten der großzügigen Sonnenterrasse mit ihrem majestätischen Weitblick auf das Panorama der Hohen Tauern wird klar, warum es hier noch niemanden weggezogen hat. Auch Gäste können ein behagliches Gefühl von Zuhause erleben. Sie wachen in gemütlichen, mit alten Bauernmöbeln individuell und neu gestalteten Zimmern auf. Der erste Blick auf die Berge macht augenblicklich gute Laune und Lust auf das Frühstück in einer sonnendurchfluteten Gaststube. Dort lassen sich bei besten Produkten aus der angeschlossenen Öko-Landwirtschaft Pläne für den Tag schmieden, wie zum Beispiel Spaziergänge oder Trekkingtouren durch die umliegenden Wälder und Wiesen. Bei Sonne bietet sich auch faules Rumdösen auf den hauseigenen Wiesen an, um die kontemplative Ruhe der Berge auf Körper und Geist zu übertragen. Ein selbst gemachter Tee mit Wildkräutern aus der Natur schmeckt wohl nirgendwo besser als hier. Alle Mahlzeiten werden (leider nur für Hausgäste) aus der Fülle der regionalen Spezialitäten im Einklang mit Natur und Jahreszeiten zubereitet. Im Taxhof gelingt der emotionale „Rückwärts-Purzelbaum“, weil hier mit geschmackvollen neuen Details dem originär österreichischen Klang eine neue Note verliehen wurde.

Taxhof – Hundsdorf 15 – Bruck/Großglocknerstraße
T: +43 (0)6545 6261 – www.taxhof.at

»

Ein selbst gemachter Tee
mit Wildkräutern aus der Natur
schmeckt wohl nirgendwo
besser als hier.

«

HOTEL GRAND FERDINAND

➵ TRADITIONELL · MODERN · EDEL

Das Grand Ferdinand ist ein Glücksfall – für die Stadt und für seine Besucher. Der Besitzer Florian Weitzer hat es verstanden, die gute alte Tradition der Grand Hotels wieder aufleben zu lassen und es in die Moderne zu führen. Das Design ist auf den Punkt und die Materialien hochwertig und edel, allein der Fliesenboden im Restaurantbereich ist einen Besuch wert. Daneben findet man auch Elemente des urbanen Lifestyles: in Leder eingefasste Spiegel und freistehende Badewannen in den Zimmern. Dieses Nebeneinander von Grandezza und moderner Coolness funktioniert hervorragend. Den Machern geht es darum, Tradition vorwärts zu zelebrieren und das Große erlebbar zu machen – für jedermann: Im Restaurant kann man Champagner und Edelbiere zu moderaten Preisen bekommen und das Hotel wartet mit einer besonders schrägen Idee auf: Es gibt zwei „Schlafsäle", in denen man ein Kojenbett wie aus dem Orientexpress für schlappe 30 Euro die Nacht buchen kann – in 6- und 8-Bett-Zimmern. Auch diese Gäste haben Zugang zu allen Facilities. Das hat Charme! Das Restaurant des Grand Ferdinand führt dieses Konzept weiter: Ein eigener Eingang sorgt dafür, dass auch die Locals kommen. Die Speisekarte vereint alles, was man sich von einem guten Wiener Restaurant erwartet: Tafelspitz, Kalbsvogerl oder Fleischlaberl, aber auch eine gute Auswahl an „Mehlspeisen" vom Wagen – alles so, wie wir es uns wünschen!

Hotel Grand Ferdinand – Schubertring 10-12 – Wien
T: +43 (1) 918800 – grandferdinand.com

GRAND FERDINAND

» Dieses Nebeneinander von Grandezza und moderner Coolness funktioniert hier hervorragend. «

MEMMO ALFAMA

⇶ CHIC · DETAILVERLIEBT · SPEKTAKULÄRE AUSSICHT

Etwas abseits der bekannten Viertel, in einer ruhigen Sackgasse und in dem historischen Stadtteil Alfama gelegen, fühlt man sich hier fast wie ein Einheimischer. Duftende Orangenbäume und kleine, labyrinthartige Straßen umgeben das Hotel und ein Alltagsleben, das ganz entspannt vor sich hin plätschert. Über drei Häuser erstreckt sich das Hotel, alle stammen aus dem 19. Jahrhundert. Ein Stadthaus gehört dazu, eine ehemalige Bäckerei und auch das einstige Atelier des Fotografen Alexander Koch. An ihn erinnert ein Porträt, das er fotografiert hat und das hier prominent hängt. Es ist eines der vielen kleinen Details, mit denen der Besitzer Rodgrigo Machaz die Vergangenheit beschwört. Der Rest ist purer, moderner Chic. Polierter Beton, schlicht eingerichtete Zimmer mit schönen Holzkorkböden und in strahlendem Weiß. Spektakulär sind die Terrassen, die sich über mehrere Ebenen ziehen, und man kann sich in leuchtend roten Acapulco-Chairs oder am Pool niederlassen und die spektakuläre Aussicht über die Stadt und auf den Rio Tejo genießen. Hier ist man mitten in Lissabon und gleichzeitig schwebt man herrlich darüber – und macht immer neue Entdeckungen. Verwinkelt wie die Straßen sind auch die Häuser, gläserne Dächer schmücken sie und dazu prallen verschiedenste Deckenhöhen aufeinander. So wie auf die Historie wird auch auf die Erkundung des Viertels Wert gelegt. Es gibt Walking Tours durch die Nachbarschaft und viele Geheimtipps.

Memmo Alfama – Travessa das Merceeiras 27 – Lissabon-Alfama
T: +351 210 495 660 – www.memmohotels.com/alfama/hotel-overview.html

„Hier ist man mitten in Lissabon und gleichzeitig schwebt man herrlich darüber."

que tu corta
não afies o teu gume
deixa sonhar as
co'as abelhas e
o Perfum
Afonso Lopes
Reservado

AREIAS DO SEIXA SANTA CRUZ

NACHHALTIG · VERTRÄUMT · LUXURIÖS

Gerade mal 40 Minuten von Lissabon entfernt öffnet sich hinter einer schweren Holztür eine ganz eigene Welt. Am tosenden Atlantik und von Winden umweht, setzt das Luxushotel auf Nachhaltigkeit – und verträumtes Interieur, das auf Beton und Glas trifft, auf hängende Kamine und Treibgut, das wie zu Skulpturen aufgetürmt ist. Anderes ist reichlich niedlich. Wie die Schaukel an der Rezeption, auf der man beim Warten schwingen kann, oder die Kreidetafeln mit Weisheiten und die vielen Trockenblumen. In seiner Ganzheit aber ist das Strandhotel, das auf Großzügigkeit ausgelegt ist, wirklich spektakulär. Ob es das Spa mit seinen vielen Ruhezonen ist oder die Gewächshäuser und Gärten, wo Salat, Zucchini, Tomaten und viele andere Gemüse gezogen werden, die hier ebenso auf dem Teller landen wie der Minze-Fenchel-Tee aus eigenen Kräutern in der Tasse. Die Zimmer mit Glasfront haben eigene Terrassen zum Meer hinaus, riesige Betonbäder mit in den Boden eingelassenen Badewannen, Regenduschen, Oberlichter, durch die die Sonne strömt, und Olivenbäume, die innen wachsen. Gibt es morgens ein Buffet mit Green Juices, frischen Früchten, selbst gebackenem Kuchen, Omeletts und allem, was das Herz begehrt, werden später Köstlichkeiten wie warmer Gemüsesalat serviert und nachdem man abends am Kamin ein Glas Wein getrunken hat, flackern die Kerzen im Zimmer und dazu hört man das Meer rauschen.

Areias do Seixa Santa Cruz – Praceta do Atlântico – Póvoa de Penafirme – A-Dos-Cunhados Lage: 40 min. von Lissabon entfernt – T: +351 261 936 340 – www.areiasdoseixo.com

»Hinter einer schweren Holztür öffnet sich eine ganz eigene Welt.«

STALLMÄSTARE-GARDEN

ROMANTISCH · GEMÜTLICH · SCHWEDISCH

Der romantische Landgasthof, der bereits seit Mitte des 17. Jahrhunderts in Betrieb ist, wird von den Stockholmern liebevoll „Stallis" genannt und ist weit über die Stadtgrenzen für seine außergewöhnliche Atmosphäre bekannt. Inmitten des königlichen Haga Parks und nur einen Katzensprung vom royalen Domizil von Kronprinzessin Victoria entfernt, trifft „alter" Gutshofcharme auf schwedischen Chic. Das gemütliche Interieur aus Antiquitäten und modernen Klassikern macht das Gutshaus zu einer urbanen Oase. Der Koch des Hauses serviert moderne schwedische Sterneküche, inspiriert von der Slow-Food-Philosophie. Und wer einmal keine Muse für lange Gänge-Menüs hat, kann sich das wohl beste Sandwich von ganz Schweden zaubern lassen. Die liebevolle Seele des Hauses ist in jeder Ecke zu spüren, schon auf dem Zimmer werden die Gäste mit einem handgeschriebenem „Willkommen" und schwedischen Karamellbonbons begrüßt. Hier wurde eine Oase am Rande Stockholms geschaffen, die man nicht mehr so schnell verlassen möchte. Downtown Stockholm ist mit einem der hauseigenen Fahrräder in 20 Minuten erreichbar und bringt die perfekte Abwechslung mit sich. Ein Ort für jeden, der sich ab vom Mainstream zurückziehen möchte oder ein romantisches Getaway mit einem Städtetrip verbinden möchte. „Jag älskar dig" sagen die Schweden übrigens, wenn sie jemandem ihre Liebe gestehen. Stallmästaregården scheint der perfekte Ort für solche Geständnisse zu sein.

Stallmästaregården – Norrtull – Stockholm
T: +46 (0)8 610 13 00 – www.stallmastaregarden.se

»Die liebevolle Seele des Hauses ist in jeder Ecke zu spüren.«

Aprikose
Apricot

FLORHOF

➤ BEHAGLICH • HERZLICH • PRIVAT

Wer einmal im Florhof übernachtet hat, kommt immer wieder, ja er kann eigentlich gar nicht anders. Verwöhnt werden ist aber auch so herrlich und das Team aus dem Florhof ist darin einfach leidenschaftlich und professionell. Wie ein Stammgast wird man begrüßt, die Atmosphäre wirkt entspannt und wer gestresst anreist, kann sofort in sein Zimmer gehen und langwierige Anmeldeformalitäten später erledigen. „Wir möchten, dass unsere Gäste erst einmal ankommen", erklärt Brigitte Schiesser, die Besitzerin. Auf den Zimmern wartet ein warmes behagliches Nest mit tuffigen Kissen, kuschelig angewärmten Handtüchern und all den liebenswerten Details, die ein Leben im Hotel so angenehm wohlig machen. Teppiche, Sofas und die Bettdeko erinnern ein wenig an die Schlafzimmer amerikanischer Luxusserien. Ein Gast an der Rezeption erwähnte mal: „Zuhause wohne ich gerne schlichter, doch nach einem anstrengenden Tag auf Reisen genieße ich die wohnliche Atmosphäre." Dass das Hotel Florhof von privater Hand geführt ist und auch keiner Kette angehört, spürt man in allen Ecken. Im Salon warten täglich zum Afternoon Tea kostenlos leckere Küchlein und ein Samovar mit Tee auf die heimkehrenden Gäste und auch sonst gibt man sich großzügig mit dem upgrade eines Zimmers, wenn kurzfristig noch etwas frei ist.

Florhof – Florhofgasse 4 – Zürich – Kreis 1
T: +41 (0)44 2502 626 – www.hotelflorhof.ch

Brombeere
Blackberry
Aprikose
Apricot

» Wer einmal im Florhof übernachtet hat, kommt immer wieder. «

CASA
LA SIESTA

LÄNDLICH • GESCHMACKVOLL • IDYLLISCH

Die Anfahrt ist eher unspektakulär. Doch was einen dann erwartet, ist wirklich besonders. Wie auf einer Hazienda fühlt man sich in diesem Hideaway, umgeben von sanften Hügeln, von Weideland, Rindern und Pferden, und dazu kreisen im Hintergrund Windräder, die der ganzen Szenerie einen unbestechlich zeitgemäßen Touch verleihen. Hier herrscht wunderbare Ruhe, einzig hört man die Palmen vielleicht mal im Wind rauschen. Ein Rückzugsort mit Gärten rund um das Haus, mit Lauben und Daybeds samt fantastischem Blick auf die Landschaft. Es ist das Haus eines britischen Anwalts und einer Köchin, die auf Catering spezialisiert ist, die sich in Andalusien kennenlernten und gemeinsam zunächst ein kleines Bed & Breakfast betrieben, das nach und nach etwas größer wurde. 2008 war es, als sie sich in dieses Haus verliebten. Wunderbar renoviert im schönsten Landhaus-Style, mit viel Holz, Steinfußböden und bestickten Kissen, mit Gardinen, die im Wind wehen, Räumen hoch wie eine Kathedrale, offenen Bädern und Sandfarben. Hier ist alles genau so, wie es einem guttut. Zum Frühstück setzt man sich einfach an einen der Tische im Patio und wird mit hausgemachtem Müsli, Eiern und Früchten verwöhnt. Nimmt man sich abends Wein, macht man einfach einen Strich in der Liste, und zwischendurch wird köstlicher Manchego aus der Region, selbst gemachte Gazpacho und hausgebackenes Brot aufgetischt. Wer möchte, kann hier auch in den Ställen mit anpacken oder einen Ausritt machen.

Casa La Siesta – Los Parralejos s/n – Vejer de la Frontera – Cádiz – Lage: 130 km bis Sevilla
T: +34 956 232 003 – casalasiesta.com

»Ein wunderbarer Rückzugsort, an dem alles so ist, wie es einem guttut.«

FINCA BUENVINO

➳ EIGENSINNIG SCHÖN • GEMÜTLICH • HERZLICH

Inmitten eines alten Weinanbaugebiets haben Jeannie und Sam sich ihren Traum erfüllt. 30 Jahre ist das her, als sie zum ersten Mal nach Huelva kamen und begannen, ihr eigenes Haus zu bauen – mit fantastischen Blicken auf den Nationalpark Aracena und die Extremadura. Bei ihnen wohnt man wie in einer Familie, verschmitzten britischen Humor und Herzlichkeit inklusive. Vier Zimmer gibt es, verwinkelt und eigensinnig schön, mit kleinen Sitzecken, unzähligen Büchern, und im Winter kann man es sich auch an dem großen Kamin gemütlich machen, in dem Sam regelmäßig Kastanien röstet, dazu gibt es Sherry aus einem großen Fass. Im Sommer sitzt man im rosaroten Innenhof der Finca oder entspannt an dem großen Pool, der ein paar Schritte den Berg hinauf spektakuläre Blicke auf die Landschaft bietet. Es gehören auch drei abgelegene Cottages mit Selbstversorgung zum Anwesen, bedienen kann man sich im großen Biogemüsegarten. Aber eigentlich sollte man sich die Küche von Jeannie nicht entgehen lassen. Ganz frisch, mit selbst gebackenem Biobrot, glasierten Auberginen, gebratenen Paprikas, dem köstlichen Huhn mit Kurkuma oder dem iberischen Schwein vom eigenen Hof. Keine Überraschung, dass 2014 ihr erstes Kochbuch erschien. Und dann das Setting: Gegessen wird im Hof der Finca oder auf der kunterbunten Küchenterrasse, auf der das Licht, das durch das Laubdach fällt, über den türkisen Tisch, die gelben Stühle und über die rosafarbenen Mauern tanzt.

Finca Buenvino – Los Marines – Huelva – Lage: 100 km bis Sevilla
Tel: +34 959 12 40 34 – www.fincabuenvino.com

„Hier wohnt man wie in einer Familie, verschmitzten britischen Humor und Herzlichkeit inklusive.“

FLUMMOXED
The Foreign Language Bluffer's

TRASIERRA

➳ MEDITERRAN • BRITISCHPLÜSCHIG • LÄSSIG

Diesen Ort findet man nur, wenn man weiß, wo man abbiegen muss. Und genauso möchte Charlotte Scott es auch, eine britische Designerin, die vor mehr als 35 Jahren London hinter sich gelassen hat, um mit ihrem Mann und ihren vier Kindern mitten ins Nirgendwo zu ziehen. In ein Anwesen aus dem 16. Jahrhundert, umgeben von Orangenplantagen und Weinstöcken, die sie nach und nach in ein Hideaway mit rauschenden Palmen verwandelt hat, mit Wein, der über die Terrassen rankt, und riesigen Lavendelbüschen, durch die man sich zu seinem Zimmer schlängelt. Zwanzig sind über das Gelände verteilt, alle von außen zugänglich, mit britisch-plüschigem Interieur, das auf mediterrane Luftigkeit trifft, und manche mit kleinen Terrassen davor, auf denen einem auch gerne das Dinner serviert wird. Lichterketten hängen in den Bäumen, und unzählige Kerzen flackern jeden Abend auf den Tischen und an den Wegen. Man merkt, dass der Ort langsam gewachsen ist, in allem steckt viel Seele, er ist lässig und gelebt, und man fühlt sich, als sei man bei Freunden zu Hause. In der ehemaligen Kapelle werden Filmabende veranstaltet, und möchte man abends noch ein paar Drinks nehmen, notiert man einfach, was man hatte. Sagt man morgens Bescheid, kann man abends hier essen. Gekauft wird, was es jeweils frisch auf dem Markt gibt, was in den eigenen Beeten reif ist, und gekocht wird nach Rezepten von Charlottes Tochter Gioconda, einer bekannten Köchin, die Rezepte aus der ganzen Welt in die Trasierra nahe Sevilla bringt.

Trasierra – Cazalla de la Sierra – Sevilla
T: +34 650 642 030 – www.trasierra.com

» Ein Hideaway mit rauschenden Palmen und riesigen Lavendelbüschen, durch die man sich zu seinem Zimmer schlängelt. «

THE 5 ROOMS

GESCHMACKVOLL · PERSÖNLICH · DETAILVERLIEBT

Natürlich ist Barcelona voller phantastischer Gebäude, Museen und Restaurants, aber wäre es nicht wirklich toll, hier bei echten Barcelonesen zu Gast zu sein? Jemandem, der eine helle großzügige Wohnung in einem dieser phantastischen Altbauten aus der Jahrhundertwende sein Eigen nennt, in dem vielleicht sogar ein schönes einladendes Gästezimmer auf Sie wartet? Nun, in der Stadt der Wunder ist auch dieses möglich. Zwei Ecken von der Plaça de Catalunya entfernt hat die Designerin Yessica Delgado Fritz diesen Traum für Barcelona-Besucher wahr gemacht. Mit viel Liebe zum Detail hat sie das exklusive Bed & Breakfast The 5 Rooms geschaffen, mit mittlerweile 12 hellen, geschmackvoll eingerichteten Zimmern, rohen Backsteinwänden, Holzböden und edlen Badezimmern mit Mosaiksteinen. An dem großen gemeinsamen Tisch im offenen Essraum wird das Frühstück zelebriert. Und während man in luftig leichte Ensaimadas beißt, erfährt man von Yessica, welche Ausstellungen, Shops, Clubs oder Restaurants heute unbedingt auf dem Besuchs-Programm stehen sollten. Luxuriöserweise geschieht das alles in fließendem Deutsch, denn die gebürtige Deutsche ist in Barcelona aufgewachsen.

The 5 Rooms – Pau Claris, 72, 1° – Barcelona
T: +34 93 3427 880 – www.the5rooms.com

"Und während man morgens in luftig leichte Ensaimadas beißt, erfährt man von Yessica, was gerade in Barcelona angesagt ist."

CAN XUXU

STYLISCH • FERNÖSTLICH • VERWUNSCHEN

Eine stylische kleine indonesische Oase hat der Schweizer Modedesigner Alexandre Narakas in der eher karstigen Umgebung von Sant Josep kreiert. Hohe Palmen, Teehäuser aus Java, Day-Lounge-Betten, ein funkelnder, leuchtender Pool. Wer Mikrokosmen und Lifestyle zu schätzen weiß, wird Little Bali auf Ibiza lieben. Die großzügige Anlage ist eine lässig verwunschene Welt, eine Illusion der Tropen auf Ibiza, ohne in den kommerziellen Kitsch manch professioneller Clubanlagen abzugleiten. Mehr Pärchen- und Lifestyle-Oase, weitläufig und ruhig. Kaum einem Menschen begegnet man in dem herrlichen Garten, den vor 20 Jahren ein Landschaftsarchitekt anlegte, dafür den zwei schönen, ungleichen, frei laufenden Hunden. Vogelgezwitscher, hier und da der Ruf eines Uhus ... Von der Dachterrasse der Suite „Parma" aus eröffnet sich der Blick auf den Sonnenuntergang und in der Ferne aufs Meer. Fernöstliches Flair prägt die Anlage, weite Teile des Can Xuxu sind mit viel Holz und Stein und hellen groben Baumwollstoffen eingerichtet, die meisten Zimmer im europäisch internationalen Stil. Das Frühstück mit ausgewählten Produkten wird an der Bar am Pool serviert. Ein wunderbarer Ort, um auch mal einen ganzen Tag locker am Pool zu verbringen.

Can XuXu – Carrer de Cala Tarida – Sant Josep de sa Talaia
T: +34 971 801 584 – canxuxu.com

»Wer Mikrokosmen und Lifestyle zu schätzen weiß, wird Little Bali auf Ibiza lieben.«

ES CUCONS

➤ LÄSSIG · INTERNATIONAL · PARADIESISCH

Wie ein kleines Paradies wirkt dieser wunderschöne Garten mit Palmen und Zitrusbäumchen und dem herrlichen Pool. Am Morgen blöken die Schafe auf den Weiden, die Hähne krähen, der Dunst löst sich nur allmählich aus den Feldern, und trotzdem kommt im vorzüglich geführten Hotel Es Cucons nie das Gefühl von Ferien auf dem Bauernhof auf. Ganz im Gegenteil: Nirgends auf Ibiza wird das Gleichgewicht aus Landhotel und weltläufigem Flair so beiläufig, selbstverständlich und lässig austariert wie hier. Es ist ein einziges Vergnügen, nachts am Feuer im Garten zu sitzen und sich von Jorge, dem andalusischen Küchenchef, mit raffinierten Köstlichkeiten verwöhnen zu lassen. Das hoteleigene Restaurant mit seinen vorzüglichen Gerichten ist ein Prunkstück des Hotels. Die Art und Weise, in der die zwei miteinander verwandten Familien aus Barcelona das Hotel leiten, löst unmittelbar das Gefühl aus, in einem erstklassigen Hotel zu Hause zu sein. An der Tischtennisplatte etwa liegen die Schläger herum, als seien die Kinder nur mal eben zur Eisdiele gelaufen. Der größte Zauber des Es Cucons liegt aber nicht einmal in all den vielen, schönen Details, sondern in der merklich guten Stimmung, die von der Hotelleitung ausnahmslos auf alle Angestellten übertragen wird. Es ist kein Zufall, dass Nico die Idee, Smart-Travelling zu gründen, vor vielen Jahren genau an diesem Ort bekam. Das Es Cucons gehört zu den Hotels, die man allen guten Freunden so schnell wie möglich weiterempfehlen möchte.

Es Cucons – Camí des Plà de Corona – Santa Agnés de Corona
T: +34 971 805 501 – www.escucons.com

»Nirgends auf Ibiza wird das Gleichgewicht aus Landhotel und weltläufigem Flair so beiläufig, selbstverständlich und lässig austariert wie hier.«

162

LES TERRASSES

ERFRISCHEND • HIMMLISCH • REGIONAL

Ibiza, wie man es kennt und liebt! Die französischen Inhaberinnen haben mit viel Liebe und reizenden Details aus dem weiß gestrichen Landhaus mit den pastellblauen Fensterrahmen einen himmlischen Ort gemacht. In dem verwinkelten Garten mit mehreren Terrassen und Ebenen wurden auf engstem Raum unterschiedliche Atmosphären kreiert. Auf der Hauptterrasse sitzt man unter einem blühenden Baum und einem pastellroten Sonnenschirm, darüber liegt eine aus Lehm errichtete Chill-Area mit leuchtend bunten Kissen, auf einer anderen Ebene steht eine lange Tafel unter einem Holzdach, und etwas weiter noch stehen Tische unter großen Palmen. Kleine Klunker hängen von den Bäumen und beleuchten die Szenerie, überall sind witzige Deko-Elemente eingestreut. Erfrischend kreativ und selbst gestaltet wirken die Anlage und die Räume. Allein der Komfort der Betten hält nicht ganz mit dem Charme der Inneneinrichtung mit. Der Garten ist herrlich, dicht bewachsen mit Palmen, Zitrusbäumen, blühenden Sträuchern, die Zimmer sind großzügig, in verschiedenen kleinen Gebäuden untergebracht, die über Treppen verbunden sind. Ein Tennisplatz, zwei Pools ... So charmant „Les Terrasses“ ist, so gut ist auch das Essen. Das Obst und Gemüse kommt aus dem eigenen Garten. Zum Frühstück läuft klassische Musik. In Kochkursen können Sie Ihr Repertoire dort gleich erweitern. Dienstag ist der legendäre Couscous-Tag – mit häufig mehr als 100 Gästen.

Les Terrasses – Carretera de Santa Eulària – Santa Eulària des Riu
T: +34 971 332 643 – www.lesterrasses.net

Giménez

„Dienstag ist der legendäre Couscous-Tag – mit häufig mehr als 100 Gästen.“

ESPLÉNDIDO DE SÓLLER

GESCHMACKVOLL · SCHLICHT · LÄSSIG ELEGANT

Die beiden Schweden Mikael und Johanna Landström haben auch in Sóller gezaubert und den stilvollen Hotelkasten aus den 50er-Jahren traumwandlerisch in ein luftig leichtes Modern-Vintage-Seaside-Hotel verwandelt. Wunderschön liegt es wie ein großer Dampfer prominent in der ersten Reihe der Strandpromenade, als habe es nur darauf gewartet, von den Landströms wie einst Dornröschen wachgeküsst zu werden. Von den kleinen Terrassen mit den herrlichen Holzböden hat man einen traumhaften Blick aufs Meer, die Bucht und auf die beiden Leuchttürme, die den Port de Sóller zu bewachen scheinen. Alles ist geschmackvoll und schlicht. Bei offenem Fenster hört man nachts das Rauschen des Meers. Zwei Schwimmbäder mit Seeblick liegen im fünften Stock. Der Wellnessbereich ist lässig elegant. Das Espléndido verfolgt ein tolles Konzept für Familien mit Kindern, die einen eigenen Frühstücksraum und ein eigenes Schwimmbad nutzen können, um sich sorglos in den Ferien zu entspannen. Das Bistro mit den Tischen draußen an der Promenade ist sehr gut – vor allem die Salate! Im ersten Stock bekommen Sie im Restaurant ein gutes Drei-Gänge-Menü. Und auch das Frühstück hält alles bereit, was das Herz begehrt – selbst Goji-Beeren, Bienenpollen und all die anderen, seltener angebotenen Köstlichkeiten der bewussten modernen Küche.

Hotel Espléndido de Sóller – Es Traves 5 – Puerto de Sóller
T: +34 971 631 850 – www.esplendidohotel.com

„Ein luftig leichtes
Modern-Vintage-Seaside-Hotel,
wunderschön gelegen,
prominent in der ersten Reihe
der Strandpromenade."

BAR

HOTEL PORTIXOL

FREUNDLICH · UNGEZWUNGEN · MALERISCH

Das Hotel Portixol liegt in dem kleinen, malerischen Hafen, nach dem es benannt ist, und fällt durch seine kubistische, quaderartige Form auf. Neben der Architektur besticht sein ideales Plätzchen – nah an Hafen und Strand und gleichzeitig nur zwei Kilometer vom Stadtzentrum entfernt. Die Erfolgsgeschichte des Portixols ist eng mit den schwedischen Eheleuten Mikael und Johanna Landström verbunden, die das Hotel Ende der 90er-Jahre übernahmen und mit ebenso viel Liebe wie Kreativität zu dem machten, was es heute ist: ein einzigartiger Rückzugsort, der skandinavische Klarheit gekonnt mit mediterranem Flair und Tradition mit Moderne mischt. Großzügig geschnittene, helle Räume prägen Eingangsbereich sowie Restaurant, Bar und Tagungsräume des Hotels, moderne Ausstattung und ungezwungene Eleganz die 26 Zimmer, von denen die meisten einen herrlichen Meer- und Stadtblick haben. Johanna Landström bringt es auf den Punkt: „This is a lovely little place", sagt sie. Und genau das ist er! Dafür sorgt auch das zuvorkommende Personal, dessen Freundlichkeit wie ein guter Geist durch das Haus weht und es gemeinsam mit den vielen Annehmlichkeiten zu einem Ort macht, der inselweit seinesgleichen sucht.

Hotel Portixol – Calle Sirena 27 – Palma
T: +34 971 271 800 – www.portixol.com

»Ein einzigartiger Rück-
zugsort, der skandinavische
Klarheit gekonnt mit
mediterranem
Flair und Tradition mit
Moderne mischt.«

WELGELEGEN

➳ CHARMANT • PERSÖNLICH • GEMÜTLICH

Welgelegen ist einer dieser Orte, an denen man sich wohlfühlt, sobald man die Türschwelle überschritten hat. Das Team ist sehr freundlich und aufmerksam, eine große Lounge mit weichen, riesigen Sofas lädt dazu ein, sich fallen zu lassen und im Innenhof plätschert ein kleiner Springbrunnen. Das Guesthouse besteht aus zwei Villen, die durch einen grünen Innenhof mit Pool miteinander verbunden sind. In der vorderen Villa sind die Lounge, die Bibliothek, der luftige Frühstücksraum sowie einige Gästezimmer untergebracht. Im dezenten und geschmackvollen Hinterhaus befinden sich weitere Zimmer sowie ein Behandlungsraum, in dem man auf Wunsch eine Spa-Behandlung buchen kann. Die 13 Zimmer sind individuell eingerichtet und ähnlich wie die Lounge eine Mischung aus britischem Charme, südafrikanischen Details und modernen Akzenten. Fast alle Zimmer haben einen eigenen Balkon oder eine Terrasse. Das Welgelegen verdankt seinen Namen seiner guten Lage. Es befindet sich in der ruhigen Wohngegend von Gardens, inmitten von Villen, Gärten und beschaulichen Sträßchen, und ist doch nur einen Katzensprung von der Kloof Street entfernt. Wer hier wohnt, hat Ruhe und City-Life gleichzeitig. Es ist genau die richtige Adresse für einen unkomplizierten Städtetrip.

Welgelegen – 6 Stephen Street – Kapstadt
T: +27 (0)21 4262 3734 – www.welgelegen.co.za

» Einer dieser Orte, an denen man sich wohlfühlt, sobald man die Türschwelle überschritten hat. «

BABYLONSTORE

BABYLONSTOREN

➛ RELAXT • ÄSTHETISCH • LÄNDLICH

Es gibt Orte, die sind zu schön, um sie mit Worten zu beschreiben und Babylonstoren ist einer davon. Man muss in einem der weißen Cottages geschlafen, morgens tief die erdige Luft eingesogen haben und dann über die 580 Hektar große Farm gelaufen sein, um diesen Ort in seiner vollen Schönheit zu begreifen. Jeder Stein und jede Pflanze wurde mit Liebe und einem überwältigenden Sinn für Ästhetik ausgesucht. Hinter diesem Masterplan steckt Karen Roos, ehemalige Chefredakteurin der Elle Decoration, die 2007 gemeinsam mit ihrem Mann die Farm aus dem 17. Jahrhundert gekauft und drei Jahre später das Hotel eröffnet hat. Neben den 13 Cottages, die Platz für zwei oder vier Personen bieten, gibt es zwei Restaurants, einen Spa und Pool und natürlich den Garten. Hier ist alles entweder essbar oder für medizinische Zwecke verwendbar. Neben dem Hotelbetrieb läuft der Farmbetrieb weiter und sorgt dafür, dass das Hotel sich fast komplett selbst versorgen kann: Öl, Obst, Gemüse, Getreide sowie der Wein kommen aus Eigenanbau. Dementsprechend fantastisch ist das Essen. Das Frühstück wird im Gewächshaus serviert und lässt den Gast bereits morgens glückselig in den Tag starten. Wie der Tag weitergeht, ob man am Pool relaxt, auf den hauseigenen Gewässern Kanu fährt oder bei der Weinlese hilft, bleibt jedem selbst überlassen. Der Garten sowie das Restaurant sind auch für externe Gäste geöffnet.

Babylonstoren – R45, Simondium – Lage: 60 km von Kapstadt entfernt
T: +27 (0)21 8633 852 – www.babylonstoren.com

„Es gibt Orte, die sind
zu schön, um
sie mit Worten zu
beschreiben.“

Green Cold soup of cucumber,
avo, yoghurt & dill with fennel
Granny Smith appel, Packham
pear, kohlrabi, green pepper,
green bush bean, green tomato
pickled shimenji/oyster
mushroom & cape sorrel R75
Yellow
beans, granadilla, tree melon
golden delicious apple, yellow pear
plums, pineapple & mango
mango dressing R75
Red Carpaccio of pickled beet-
root varieties, turnip & champion
radish w peppadews, black-
berries, pomegranate, black
mission figs, vineyard grapes
black pearl plums, purple beans
smoked salmon with sesame
dressing R80

SOHO HOUSE

➳ OPULENT · STYLISCH · ORIENTALISCH

Gewohnt opulent und stylisch ist das neueste Soho House, das Nick Jones am Bosporus eröffnete. Einst war die Villa im Stil eines italienischen Palazzos die amerikanische Botschaft, jetzt trifft in dem strahlend weißen Gebäude orientalischer Chic auf modernen Bohemian Style. Die Böden sind mit alten Mosaiken überzogen, die Bar ist mit Malereien und Gold verziert und dazu kann man sich in taubenblaue Samtsessel sinken lassen und den Hauscocktail „Picante de la Casa" mit Tequila, Limette und Chili-Pfeffer genießen. Wie jedes der bisher 13 Soho Houses hat auch dieses eine Dachterrasse mit Pool. Doch hier hat man einen besonders spektakulären Blick, weit über den Bosporus und das Goldene Horn hinaus. Die 87 Zimmer in ganz unterschiedlicher Größe haben türkische Bäder, manche eine Badewanne direkt vor dem Bett, es stapeln sich Kissen auf den Betten, handgewebte Teppiche hängen an den Wänden und alles durchweht ein Hauch von 1001 Nacht. Auch ohne Mitgliedschaft in dem Privatclub kann man sich im Soho House einmieten – und neben dem besonderen Setting im historischen Distrikt Beyoglu Massagen im hauseigenen Hamam genießen, ägäische Küche auf der Mandolin-Terrasse, Bootsfahrten mit Delfinen und im Club Embassy tanzen. Zur Eröffnung taten das Stars wie Oscar-Preisträger Eddie Redmayne und Erbin Jemima Khan und feierten die wirklich einzigartige Kulisse.

Soho House – Evliya Çelebi Mah. Mesrutiyet Cad. No: 56 – Istanbul-Beyoglu
T: +90 (0)212 3777 100 – www.sohohouseistanbul.com

„Von der Dachterrasse mit Pool hat man einen besonders spektakulären Blick, weit über den Bosporus und das Goldene Horn hinaus."

Deetjen
← OFFICE

DEETJEN'S

TRADITIONSREICH · RUSTIKAL · ROMANTISCH

Ohne im traditionsreichen Deetjen's gewesen zu sein, war man eigentlich nicht in Big Sur – oder hat zumindest etwas Großartiges verpasst. Verwunschen liegt das Kleinod mit seinen charmanten alten Holzhäusern in schönster Big-Sur-Kulisse mit zartrosa blühenden Magnolien und dem herzhaften Duft der Redwood-Bäume und ist das Herz der Gegend. Das wunderbare Fleckchen Land hat der Norweger Helmuth Deetjen zusammen mit seiner Frau bereits in den 1930er-Jahren gekauft und fast genauso lange bietet es Big-Sur-Travellern ein Zuhause für eine Nacht. Die 20 gemütlichen Zimmer, die rustikalen Charme und die Romantik vergangener Zeiten ausstrahlen, sind auf verschiedene Häuser verteilt, haben allesamt keine Schlüssel, Fernseher geschweige denn Handyempfang und sind immer schon weit im Voraus ausgebucht. Berühmt ist Deetjen's aber auch für sein köstliches amerikanisches Frühstück mit Blueberry Pancakes, French toast, Eggs Benedict oder Apfel-Zimt-Toast. Serviert wird es in der guten Stube, einem Ort voller Patina, mit Kaminfeuer, vielen alten Objekten und Details, frischen Blumen und klassischer Musik. Genießen Sie Karte und Atmosphäre, kommen Sie zumindest auf einen Kaffee, ein Frühstück oder Dinner vorbei. Praktisch ist auch, dass gleich hinter dem Haus ein 40-minütiger Wanderweg durch die Redwood-Wälder hindurchführt und zu einer Bank, von der man traumhafte Blicke auf die Küstenlandschaft hat.

Deetjen's – 48865 Highway 1 – Big Sur – Kalifornien
T: +1 831 667 2378 – www.deetjens.com

„Verwunschen liegt
das Kleinod in schönster
Big-Sur-Kulisse.“

KORAKIA PENSIONE

MAROKKANISCH · MEDITERRAN · IDYLLISCH

Die Korakia Pensione thront wie ein kleines Königreich mitten in der unvergleichlichen Landschaft von Palm Springs. Die Gäste wohnen entweder in der marokkanischen oder in der mediterranen Villa, die über eine Straße miteinander verbunden sind. Ein Traumareal, umrahmt vom Canyon und den hochgewachsenen Palmen.
Die Gäste chillen in den verschiedenen Lounge Areas oder am beheizten Pool, der nachts von kleinen Laternen beleuchtet wird, lauschen dem Plätschern der Brunnen oder versinken in einem Buch aus der Bibliothek. 28 individuell eingerichtete Suiten und Gartenhäuser bieten viel Platz, Queen-Size-Betten, Kamin, hohe Holzdecken und natürlich die charakteristischen mediterranen Steinböden, die das ganze Areal durchziehen. Selbstverständlich zelebriert auch die Korakia Pensione den Palm-Springs-Kult um Marilyn Monroe, die sich so oft in den Wüstenort zurückgezogen hat – im Sommer schwebt sie jeden Abend über die Leinwand des kleinen Open-Air-Kinos, das ausschließlich Filmklassiker zeigt. Das amerikanische Frühstück wird im idyllischen Hof der Hauptvilla unter Schatten spendenden Orangenbäumen serviert. Tagsüber kann man mit einem der Fahrräder bequem Downtown Palm Springs erkunden. Und abends, müde und erholt, Minztee trinken, Ingwerkekse und Pinienkerne knabbern und vergessen, dass es so etwas wie Alltag gibt.

Korakia Pensione – 257 S Patencio Rd – Palm Springs – Kalifornien
T: +1 760 8646 411 – korakia.com

„

Ein Traumareal, umrahmt vom Canyon und den hochgewachsenen Palmen.

“

THE GRAMERCY PARK HOTEL

➢➔ ANSPRUCHSVOLL · EXKLUSIV · EXZENTRISCH

Ian Schragers Hotel ist eine anspruchsvolle, exklusive Bleibe für Menschen mit Sinn für Interieurmixturen wie jadegrünen Decken und Wänden zu tiefroten Samtvorhängen und viel großformatiger Kunst von Andy Warhol, Damien Hirst und Julian Schnabel. Der opulent exzentrische Stil der Lobby und der 198 Zimmer setzt sich in den beiden Hotelbars – in blauem und rosa Samt – fort, die zu den angesagtesten Treffpunkten des New Yorker Nachtlebens gehören. Von den Möbeln über die Teppiche bis zur Kosmetik in den Badezimmern wirkt alles auf gekonnte Weise kuratiert und dazu weht durch das ganze Haus ein Duft, der vom New Yorker Duftlabor Le Labo speziell für das Gramercy Park Hotel kreiert wurde. Darüber hinaus bietet die Trattoria und Weinbar Maialino von Danny Meyer im Erdgeschoss rund um die Uhr feinste italienische Küche und von der Dachterrasse im 18. Stock hat man einen wundervollen Blick auf die Skyline von Manhattan. Ein weiteres Highlight: Als Hotelgast erhält man exklusiv einen Schlüssel zum angrenzenden Gramercy Park, dem ältesten und einzigen Privatgarten in Manhattan, zu dem sonst nur Bewohner des Viertels Zugang haben.

The Gramercy Park Hotel – 2 Lexington Ave – New York-Gramercy
T: +1 212 920 3300 – www.gramercyparkhotel.com

„Als Hotelgast erhält man exklusiv einen Schlüssel zum angrenzenden Gramercy Park, dem ältesten und einzigen Privatgarten in Manhattan.“

SIMPLICITY

1 HOTEL CENTRAL PARK

FANCY · CHIC · NACHHALTIG

„A natural heaven in the middle of Manhattan" – nur einen Block von New Yorks größter Grünfläche entfernt steht Hotelier Barry Sternlichts Hommage an den Central Park. Die mit Efeu bewachsene Fassade ist ein klares Statement für den grünen Lifestyle, der nicht nur nachhaltig sein soll, sondern auch fancy und chic. Hier stimmt einfach alles. Mit viel Liebe und vor allem Geschmack wurde im quirligen Manhattan eine Hoteloase erschaffen, die Auszeit pur verspricht. Der Welcome Drink wird durch die Goodie Bag mit frischen Früchten von einem Bauernhof nahe New York ersetzt, im Zimmer warten Yoga-Matten, natürliche Beauty-Produkte, Leinen-Bettwäsche, dreifach gefiltertes Wasser, eine Dusche, die an ein Gewächshaus erinnert, und eine Sanduhr, die nach 5 Minuten duschen die Gäste charmant auf ihren Wasserverbrauch hinweist – aus Liebe zur Umwelt. Verrückt und gleichzeitig doch so smart und ehrlich. Sternlicht bringt den grünen Lifestyle mit seiner Hotelkette auf ein neues Level: Geschmackvolle Designhotels mit Charme und Charakter, die das Ziel verfolgen, unsere Welt zu achten, aber dennoch keinen Verzicht auf Luxus bedeuten. Dieses wundervolle Konzept kann man ebenso in Brooklyn und Miami Beach genießen.

1 Hotel Central Park – 1414 Ave of the Americas – New York
Tel: +1 212 703-2001 – www.1hotels.com/central-park

„Sternlicht bringt
den grünen Lifestyle
auf ein neues Level."

THE PARSONAGE

GEMÜTLICH • PERSÖNLICH • ALTEHRWÜRDIG

Was gibt es Schöneres, als eine Stadt ganz nah am Alltag der Einheimischen zu erleben? Die erste Voraussetzung ist, dass Sie privat wohnen – und bei Joan Hull und John Phillips ist das möglich. Sie werden sich garantiert wie zu Hause fühlen, wenn Sie mit dem Schlüssel die Tür des altehrwürdigen Hauses öffnen, mit seinem über viele Jahre gewachsenen Ambiente aus alten Möbeln und besonderen Einzelstücken. Abends können Sie im mit Stil eingerichteten Living Room bei einem Glas Wein am flackernden Kamin ungezwungen ins Gespräch kommen. Als Joan und John das Haus vor über 30 Jahren kauften, schlugen ihre Freunde die Hände über dem Kopf zusammen; sie konnten nicht glauben, dass die beiden sich in der ehemals heruntergekommenen Gegend wohlfühlen und dort glücklich werden könnten. „Wir waren damals die Einzigen, die den besonderen Spirit des Hauses gefühlt haben. Heute ist es eine wahre Perle im schönen Hayes Valley, und fünf der Zimmer teilen wir gerne mit unseren Gästen", sagt Joan Hull. In einem so gemütlichen Nest darf auch ein gutes mehrgängiges Frühstück mit frischem Obst, Granola und Pancakes mit Meyer Lemon nicht fehlen. Joan oder John bereiten es abwechselnd zu und servieren es persönlich; so stellt sich schon am ersten Tag der Wunsch ein, The Parsonage nie mehr verlassen zu müssen. Und auch den abenteuerlustigen Haushund Pilar nicht, der nach dem Boot des Schriftstellers Ernest Hemingway benannt ist, mit dem dieser in die Welt hinaus segelte.

The Parsonage – 198 Haight Street – San Francisco-Hayes Valley
T: +1 415 8633 699 – www.theparsonage.com

„Das altehrwürdige Haus von Joan Hull und John Phillips ist eine wahre Perle im schönen Hayes Valley."

ROME

MAKING OF

Klar, wir haben einen Traumjob. Wir packen regelmäßig unsere Koffer, lernen die Welt und außergewöhnliche Menschen kennen, dürfen sie ins Herz schließen und ihre Leidenschaften kennenlernen. Dabei brechen wir in Umbrien schon mal vor Sonnenaufgang zur Trüffelsuche auf oder in Südafrika in den Busch, um Giraffen vor die Kamera zu bekommen. Auf einer andalusischen Hazienda weihen uns Pferdeflüsterer in ihre Geheimnisse ein oder wir nehmen in der kalifornischen Wüste ein Soundbad und verirren uns dabei schon mal – und suchen dann den richtigen Weg stundenlang. Apulische Großmütter führen uns in die Kunst des Pasta-Machens ein, im Cilento lernen wir Burrata zu ziehen und nicht selten kommt es vor, dass wir uns an einem Tag durch gleich mehrere Restaurants probieren. Das ist herrlich, kann aber durchaus auch auf den Magen gehen. Genauso wenn, trotz aller Professionalität, doch jemand mal den Pass vergisst, wir uns von einem Ort nicht trennen mögen und das Flugzeug dann schon weg ist – und die platten Reifen, nachdem der Weg mal wieder quer durch die Natur geführt hat, wollen wir gar nicht zählen. Doch auch wenn es mal strapaziöser wird, erwartet uns jeden Abend ein neuer Ort, um wieder aufzutanken, ob das im heimeligen Bed & Breakfast ist, im umwerfend luxuriösen Boutique-Hotel, in der Yurte, dem Baumhaus oder im Strandbungalow.

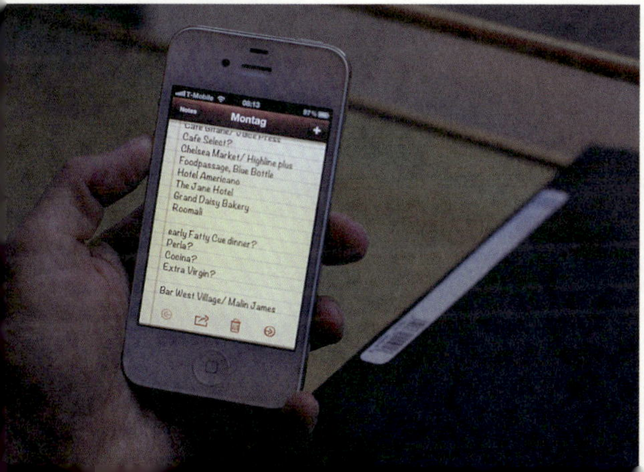
T-Mobile
Notes
Montag
Cafe Select?
Chelsea Market/ Highline plus
Foodpassage, Blue Bottle
Hotel Americano
The Jane Hotel
Grand Daisy Bakery
Roomali
early Fatty Cue dinner?
Perla?
Cocina?
Extra Virgin?
Bar West Village/ Malin James

POLICIA

DAS FEINSTE VOM LIEBSTEN

Entdecken Sie auch die 99 feinsten kulinarischen Orte der schönsten Städte und Regionen der Welt.

ISBN: 978-3-86497-344-4
320 Seiten, Hardcover
19,90 € (D) / 20,50 € (A)

Erhältlich im Buchhandel und unter sz-shop.de

Deutschland // München // Restaurant
Seite // 35
KAISERGARTEN
UNVERGESSLICH · LÄSSIG · LEBENDIG
Der Kaisergarten macht einfach jeden glücklich!
Das Jagdgasthaus Egender hat die besten und noch dazu am schönsten präsentiertesten Käsknöpfle vom Bodensee.
GJELINA
KALIFORNISCH · BELIEBT · LÄSSIG

TAVERNA
BOGAZI
Το Μπογάζι
MANOLIS & GABY
MOCHLOS
Der Hauskuchen – nach dem Geheimrezept der Großmutter – ist der krönende Abschluss.

TARTINE BAKERY

ARTISAN · LEBENDIG · BELIEBT

„Süße und salzige Köstlichkeiten, die sich in überbordender Vielfalt in der Vitrine aneinanderreihen."

TARTINE BREAD

Bungalow

„Das Club-Restaurant thront hoch über Clifton Beach und bietet einen großartigen Blick auf das Meer."

THE BUNGALOW

LEBENDIG · STILVOLL · MARITIM

Die wohl wichtigste Tageszeit in Kapstadt ist die Stunde des Sonnenuntergangs, wenn sich der Himmel von einem sanften Rosa über Lila, Pink bis hin zu einem knalligen Orange verfärbt. Am besten lässt sich das Farbspektakel mit einem kühlen Glas Weißwein, frisch gegrilltem Fisch und in guter Gesellschaft genießen. Der perfekte Ort dafür ist The Bungalow. Das Club-Restaurant thront hoch über Clifton Beach und bietet einen großartigen Blick auf das Meer. Insbesondere an Wochenenden, wenn Live-DJs auflegen und sich das Restaurant mehr und mehr in einen Club verwandelt, lockt The Bungalow nicht nur Sonnenanbeter, sondern auch die Jungen, Reichen und Schönen der Stadt an. Die beliebtesten Plätze im Sommer befinden sich in der Open-Air-Lounge unter der weißen Pergola, direkt an den Klippen. Weiß eingedeckte Tische, tropische Holzstühle und dunkelblaue Kissen sorgen für die richtige Stimmung. Der Innenbereich ist im Sommer ebenfalls komplett geöffnet, wenn auch überdacht. Im Winter lassen sich die Fronten schließen und ein lodernder Kamin sorgt für Wärme und Gemütlichkeit. Wir empfehlen den Bungalow-Salat, der in einer großen Holzschale serviert wird, gefolgt vom Klipfisch – eine regionale Spezialität, die sich durch weißes, saftiges Fleisch auszeichnet. Insbesondere an Wochenenden abends ist eine Reservierung unumgänglich.

The Bungalow – Glen Country Club – 3 Victoria Road – Kapstadt-Clifton
T: +27 (0)21 4382018 – www.thebungalow.co.za

„Die Karte könnte man sich glatt über den eigenen Herd hängen, fast alle Lieblingsgerichte sind auf ihr versammelt."

Überraschende Kompositionen, die wie kleine Kunstwerke aussehen und ausgezeichnet schmecken.

Dänemark // Kopenhagen // Bar
Seite // 15
RUBY BAR
VERSTECKT · SAISONAL · GEMÜTLICH
Die Cocktailkarte wird auf die jeweilige Jahreszeit abgestimmt mit Kräutern aus dem eigenen Garten.
Am Anfang war es nur eine Marmeladenküche, in der Jessica Koslow Früchte vom Farmers Market eingekocht hat.
Wenn Madame Brothier von den goldenen Zeiten erzählt und wie die Künstler bei ihr ein und ausgingen, strahlen ihre Augen.
LES ARCADES
LEGENDÄR · HAUSGEMACHT · LÄNDLICH
Mimi Brothier eröffnete mit 19 Jahren in dem malerischen Ort Biot, der vor allem bekannt für seine Handwerkskunst ist, ihren Tabakladen. Kein Geringerer als Pablo Picasso kam eines Tages zur Tür herein, bestellte einen Pastis und fertigte nebenbei eine kleine Zeichnung von Madame Brothier an, die er ihr anschließend mit den Worten „C'est vous, mademoiselle" zeigte. Wenn Madame Brothier von den goldenen Zeiten erzählt und wie die Künstler bei ihr ein und ausgingen, bekommen ihre Augen noch immer ein Strahlen. Ein halbes Jahrhundert später ist der Tabakladen zu einem Restaurant mit zwölf Zimmern gewachsen, den Tabak, ein Relikt vergangener Zeiten, kann man immer noch an der Durchreiche neben der Bar bekommen. Mit hausgemachten Ravioli, Salade Niçoise, Soupe au Pistou gibt es hier allerbeste Landküche, die sich am schönsten bei einem kühlen Rosé unter der Arkaden-Terrasse und mitten im Dorftreiben genießen lässt. Legendär sind die Antipasti von Mimi Brothier, die mit dem Kochlöffel ihr Orchester dirigiert, kritisch aus dem dampfenden Suppentopf kostet, lächelt und schon wieder verschwunden ist. Werfen Sie unbedingt auch einen Blick in ihre Galerie, die tunnelartig in das Kellergewölbe führt und mit einer beeindruckenden Sammlung von Gemälden und Skulpturen Kunstkenner in Staunen versetzt.
Les Arcades – 16, Place des Arcades – Biot
T: +33(0)4 93650104 – www.hotel-restaurant-les-arcades.com

„Ein perfektes Wochenende ..."

Amsterdam

Barcelona

Basel

Berlin

Brüssel

Budapest

Dresden

Dubai

Dublin

Florenz

Hamburg

Hongkong

Istanbul

Köln

Kopenhagen

Lissabon

London

Madrid

Mailand

München

Neapel

New York

Nizza

Palma de Mallorca

Paris

„Eine perfekte Woche ...“

Amalfiküste

Andalusien

Apulien

Bali

Bayerisches Alpenvorland

Berliner Umland

Bodensee

Cornwall

Côte d’Azur

Gardasee

Ibiza

Kalifornien

Kapstadt

Kreta

Mallorca

Marrakesch

Normandie

Piemont

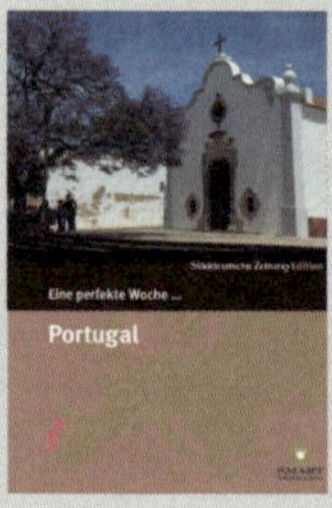

Portugal

Provence